荒谷大輔

「経済」の哲学

ナルシスの危機を越えて

せりか書房

不屈のエコーに

「経済」の哲学——ナルシスの危機を越えて　目次

序章　「信」が揺らぐとき

二〇〇八年九月、サブプライム・ローン問題に端を発するリーマン・ショックは、世界の経済システム全体を揺るがした。急速な資本の引き上げによって流動性の収縮が起こると、国家規模での財政破綻だけでなく、世界の金融システム全体が機能不全に陥る可能性をも目の前に見据えた、極めて不安定な状況が現出した。「朝食を共にする権利」が五〇〇万円超の金額で落札されるほど、当時信頼を集めていた元FRB議長グリーンスパンによる積極的な推進もあり、「AAA《トリプルエー》」の格付を得ていた金融商品は、高度な証券化の技術によって金融システムの隅々まで浸透し、その破綻によって金融システム全体からの資本の逃避を誘発したのである。「売り」の集中によって該当する金融商品を購入していた銀行や国家が莫大な損失を受けただけでなく、資本の流動性の低下は、経済の先行き自体を暗くし、企業活動に対する投資からの急速な資金の引き上げをもたらした（世界の株式市場は同時に値を下げ、危機前の約半分にまで減らした）。企業の資金繰りの悪化は、そうして、企業の実質的な経済活動を停滞させただけなく、不必要になった労働力の整理（大量の解雇）を要求し、それによって引き起こされる労働者の購買力の低下がさらに景気を悪化させるという悪循環へと導かれたのである。

人がその価値を信じ込んでいたものの喪失によって引き起こされた経済的な混乱の中で、人々がやらなければならなかったのは、それゆえ、まずは、「信用」の回復による流動性の確保であり、そして、「信頼」するに足るような新しい経済のビジョンを提示することであった。国家の財政破綻の危機を目前に見据えながら、なお大量の国債発行のリスクを犯して銀行へと資金が注入され、「グリーン・ニューディール」や「アベノミクス」などのような、人々の期待を膨らませうる経済のビジョンが示される必要があったのも、失われた経済システムにおける「信」を再構築する必要があったからだといえる。人々がその夢を共有し、他の経済主体を巻き込んで実際に新たな経済のシステムを構築することができれば、それは単なるビジョンではなく、世界そのものとして機能する。新たな「信」は、人々の欲望を巻き込みながら、新たな生産的な構造を構築することになるのである。

しかし、このようなかたちで進行中の「景気回復」のシナリオによって、われわれが目前の危機を回避することができるかどうかを問うことが、本書の課題なのではない。国家の枠組みを超えた協調的な財政介入は、政治的な手続きに関わるこれまでの常識をはるかに越えて迅速に執行され、その効果が様々な経済指標に現れている（人々によって「回復」が強く信じられることが、まさに「信」のシステムを稼働させ、「回復」を確かなものにしていくのであれば、このようなかたちで「回復」を標しづけ、宣伝していくことは、システムにとって全く必要なことだといわなければなるまい）。一方で、経済システムが孕む根本的な不安定性は、なお克服されないまま、次なる危機を生み出す可能性を孕んでいる。「回復」の夢は、足下の経済の不安を取り除くことができないままに語られるのである。この構造は、しかし、仮に経済が上向きになり、すべての人の意識から「危機」の可能性が拭いさられたとしても、経済にとっての本質として残り続ける。本書が明らかにしようとするのは、まず第一に、現行の「経済」の構造に必然的な仕方で内在する「危機」のメカニズムを明らかにすることである。本書の議論を追って明らかになるように、一口に「経済」といってもそれぞれの時代で異なる構造を持っている。第二章では例えば、古典派経済学の「経済」と近代経済学の「経済」が全く異なるシステムを形成していることを見ることになろう。本書の目的は、現行の「経済」がどのような構造の上に成立しているかを明らかにし、「危機」がそこに原理的に不可避なことを示すことにある。

危機の構造

実際、経済危機と呼ばれる現象は、これまでに幾度か立ち現れ、その都度規模に応じた深刻な損害を出しながらも、新たな「信」の構造の成立の前に忘却を重ねてきた。信じるためには忘れることが必要であるかのように、システムの稼働において、危機はいつでも認識の外におかれてきた。一九九八年、アービトラージと呼ばれるデリバティブ商品を扱うヘッジファンド会社、ＬＴＣＭ（Long Term Capital Management）の破綻をきっかけに引き起こされた経済危機で問題となっていた事柄は、例えば、その一〇年後に起こることに対して、実際、何らかの予防的な知見を示し得ただろうか。経済社会学者のドナルド・マッケンジーが示すように、一九九八年の危機の原因は、危機の発現当時、メディアによって騒がれた、一部の行き過ぎた企業の過剰な投資行為に帰せられるのではなく、より構造的なものに帰せられる。ＬＴＣＭの投資のポジションは、他の投資会社と比べても非常に穏当なものであり、危機の原因は、むしろ、構造的な広がりを持った、トレーダー間の「模倣」に帰されるべきだとマッケンジーはいうのである［cf.MacKenzi］。FRBの元副議長デビット・マリンズや、ブラック‐ショールズ方程式を完成させたことでノーベル経済学賞を受賞するマイロン・ショールズとロバート・マートンが取締役会に加わって設立されたヘッジファンド会社であるLTCMは、その画期的な投資手法によって莫大な利益を上げ、世界中の機関投資家に同様の投資ポジションをとることを促した。マッケンジーによれば、こうした投資家間の手法の「模倣」こそ、危機の原因とされるのである。

実際、インタビューに応じた金融関係者が証言するように、LTCM自身は外部に漏らさないように努めていたにもかかわらず、その投資のポジションは業界における共通の認識となっていた。「アービトラージのコミュニティというのは、……全くもって明瞭な仲間組織（quite a bright lot）であり、何か取引が行われたときには、いくらLTCMのように秘密を守ろうとしても、その取引はマーケットに知られる。するとマーケットはその取引を分析し、自らの投資の機会とするわけだ」（インタビューを受けた金融関係者）［MacKenzie, 360］。こうしてひとたび成功した金融取引は、機関投資家の間に、ある特定のポジションの「模倣」を広げることになる。画期的な手法で利益を上げるLTCMの「ひとり勝ち」をさけるために、機関投資家たちは、先を争ってLTCMの投資ポジションを模倣する必要があったのである。こういってよければ、投資家たちは、ブラック‐ショールズ方程式に基づいて提示される事柄が、実際にどれだけ経済の現実を反映しているのか、という理論的な問題を探求する以上に、一刻も早くポジションを模倣しなければ損を出してしまうという実際上の動機に突き動かされていたといえる。それが実際に理論として妥当するものなのかという問題については、「信」じるということすらも意識化されないような「信」の次元にとどまり、現に利益を上げているということだけが、そのポジションをとることの「確信」の根拠となっていたと考えられる。ノーベル経済学賞の輝きを帯びて利益を上げるLTCMのポジションを見分け、その影を真似ることが、彼らにとっての急務だったのだ。

だが、そうして多くの機関投資家たちが、挙って同じ特定のポジションをとることは、いち早くそのポジションをとっていた者（つまり、LTCM）にさらに多くの利益と「神話性」を付与する構造的な必然性を持っていただけでなく、その「構造的必然性」に乗じて加速する「信」のシステムを極めて不安定な状態にさらすことになった。「同じ」ポジションの模倣は、その表象空間の外部からやってくる現実の変化を吸収するために十分な柔軟性を奪い、経済システム全体を「共倒れ」させる危険を惹起することになるのである。

実際、現実において予期しえない様々なリスクがあったとしても、投資家のポジションが、十分に多様であるならば、突発的な価格変動のリスクは、その多様性に吸収され、システム全体を揺るがすところまで影響をもつことはない。多様な判断に基づく投機は、多様な「現実」を反映して、時々の価格変動によってその都度勝者と敗者を生みだしながらも、システム全体としては安定を保つことができる。だが、投資家たちが挙ってある特定のポジションをとり、一定の方向の選択へと全体が傾くとすれば、その構造が崩れた際の混乱は、経済システム全体に及びうる。フランク・ナイトは確率的に予測しうるリスクとその外部にある不確定性を区別したが、ブラック-ショールズ方程式の理論内部でリスクがヘッジされたとしても、その外部において発生する要素によって経済が揺り動かされる可能性は残されている。理論として正しく、現に利益を上げうるポジションは、それが経済全体の流れとなると同時に、表象の外部における不確実性の震度を強めることになるのである。

「同一性」の共有——アービトラージの「リスク」

確かに、誰の目にも明らかな「現実」を前にして、あらゆる投資家が同じポジションをとるということは十分にありうる。投資家たちが「同じ」選択をするとしても、それが現実を追認することであるとすれば、そのことが経済を揺るがす契機とはなりえない。実際、LTCMが取り扱っていた「アービトラージ」という金融商品自体が、ある意味において、「誰の目にも明らかなポジション」を追認することによって成立するものなのであった。「アービトラージ」とは、ごく簡単にいって、「同一」であるはずのものが、異なる市場において異なる価値付けを受けている状態を「適正」なものへと移行させる際に発生する利益を見込んだ取り引きである。[1]「同じもの」が異なる価値を付けられているのであるから、安く売られているものを買って高い値の付けられている市場で売れば、その差異を利益にできる。アービトラージを扱う投資家たちは、それゆえ、同じ「現実」を前に同じポジションをとることが基本的な態度となるのである。「アービトラージ」という金融商品が、「理論的に最もリスクの少ない投機」といわれるゆえんである。

しかしながら、このような「誰の目にも明らかな現実」を追認するだけの取引が、その理論上の無リスクに反して、時に著しい損失をもたらすものであることは、実際に取引をするトレーダーたちの間ではよく知られている。理論上、誰の目にも明らかな「同一性」は、現実において必ずしも「同一」に収束することなく、時に差異を拡大させるものであることが、トレーダーの間で広く認識されているのである。興味深いのは、このような理論と現実の不一致を前に、トレーダーたちがなお理論に基づいた実践を繰り返す点である。宮崎広和が指摘するように、トレーダーたちは、現実を前に理論を修正するよりもむしろ、あくまで現実に理論を適用しようとし続けるのである［cf.Miyazaki］。

理論的態度としては矛盾しているかのように見える彼らの行為が、経済的な実践としては極めて整合的なものであることは、次のような事情によって理解することができる。すなわち、彼らがアービトラージの取引によって利益を得るためには、理論上「同一」であるものが、現実において異なる状態をいち早く「発見」することがどこまでも重要ということである。時に「見込み」を誤って損失を出すことがあろうとも、現実の差異が理論に基づいて「同一」へと収束するだろうという見込みを押し通すことが必要なのだ。そこではつまり、理論と現実の不一致は、まさに彼らの取引を動機づけ、彼らに利益をもたらすものであっても、彼らに取引を思い止まらせるものではない。理論と現実の差異こそが、彼らの経済的利益の源泉となっているのである。

ではなぜ、現実に理論を適用するという仕方で彼らは実際に利益を得ることができるのだろうか。理論に基づいた行為が全く的はずれであるならば、差異に基づく利益の可能性は単に可能性でしかない。その構造を理解するためには、同じ理論の共有という要素を考える必要がある。トレーダーたちは、いかにして他者に先んじて差異を見出すかということを利益の源泉としていた。そこには、非協調関係にある行為者同士の競争意識が認められるとともに、「同一性」の認識に関する彼らの共通性を見ることができる。「別の投資家がそれを見つけたならば、必ずや同じポジションをとるだろう」という「確信」が、彼らを取引へと急き立てる動機となっているのだ。すなわち、彼らがあくまで理論を現実に適用しようとするのは、トレーダーたちの間で同じ「教科書」が通用しているからに他ならない。テクストの共有が、理論と現実の不一致をなお一致させる原動力となっているのである。

実際、大きな資本力で市場の流れを方向付ける機関投資家たちが、共通の理念に基づいた取引を行うことで、理論と同一の「現実」は容易に作り出される。Aという商品がBという商品に対して「不当」に安く価値づけられていると投資家たちに判断された場合、Aを買い急ぐ投資家の行為自体がAの価値を押し上げ、Bに接近させることになる。現実に異なるものがある種の仕方で「同一」と「見なされる」ことが、実際にその価値の同一性を作り出すことになるのである。理論と現実の不一致を前に、理論を現実に適用するトレーダーたちの行動は、こうして、理論的態度としてはいかに非合理的であったとしても、経済的な実践としては極めて正当なものになる。業界の人々が「教科書」を共有し、互いに急き立て合って取引を行うことが、他ならぬ現実をそのようなものへと変化させる。そこでは価値の同一性は、システムの外部にある現実を反映したものであるというよりもむしろ、同一の理念の下に作動するシステムによって、システム内的に形成されるのである。

経済に参与する人々が、互いに同じ理論を共有していることを確信し合いながら、それでも他に先んじて同じポジションをとろうとするとき、システム内的な「現実」が構成される。その「現実」は、実際人々の経済的な行為の帰結として導き出されるものである以上、その経済においてはまぎれもない「現実」である。その取引に関わる者が「常識的な観点」から見て危険としていたサブプライム商品は、「現実」の経済における価値付けによって、その「常識的な観点」を単に主観的なものと退けていた。システム外部的な視点からみれば一定程度明らかであるはずのリスクも、実際に利益を生み出し続ける「現実」を前に認識の外におかれたのである。

だが、そうして人々の確信によって支えられる経済の「現実」は、その表象空間内部の整合性の外側の現実が顕わになるや否や「危機」に直面する。人々の「信」によって支えられていたものの崩壊は、価値に対する認識の同一性の根底を揺るがし、人々の経済活動を限りなく不安定な状況へと追いやる。ＬＴＣＭの破綻に引き続く混乱やサブプライムの危機は、経済における「信」の崩壊が、単に金融取引の一時的な混乱にとどまらず、我々の生活に直接的な影響を与えるものであることを広く知らしめた。急速な資本の引き上げは、産業構造に直接的な影響を与え、深刻な不況をもたらすことになったのである。

現行の経済のシステムが、ここに素描したような「信」の構造に立脚するものだとすれば、仮に現在の不況が乗り越えられたとしても、潜在的な危機の可能性を常に持ち続ける。われわれが景気回復の夢をともに信じ、競争を重ねて過日のバブルを膨らませたとしても、そうして再び「信」に依拠すること自体が、危機の可能性を内包させることになる。「信」が「信」として機能し、その上に経済が前進する道筋が見えるまさにそのとき、そのシステムが崩壊する危機が内在する。現行の経済において、「信」への依拠と危機は、その構造の維持と不可分なものとなっているのである。

囚人ゲームモデルによる経済システムの素描

人々が自らの欲望に急き立てられ、全体として一定の「信」のシステムを形成する構造はどのようなものなのか。本論に入る前に少しだけ、その基本的な枠組みを確認しておこう。欲望の経済分析を行うジャック・ラカンは、次にみるような「囚人ゲーム」と呼ばれるモデルを提示したが、それはわれわれにとって、前述のような経済システムにおける「信」の形成を理解するための導きの糸となる。三人の囚人が、自らの「釈放」を目指す欲望に導かれて、特定の「信」のシステムを形成する構造を見ることで、本書の論述の基本的な枠組みを確認しておくことにしよう。[2]
ラカンの示す囚人ゲームにおいて、囚人たちは、黒ふたつ、白三つからなる五枚のディスクからひとつ選ばれたものを、それぞれの背中に貼られ、自分の背中にあるそのディスクの色を言い当てることを要求される。彼らに見えるのは、自分以外の囚人の背中に貼られたディスクだけであり、互いの背中の色を互いに見比べながら、彼らは自分のディスクの色を当てる。互いに協力することは許されず、自分の色を導き出す推論過程まで完全に述べることができた一番最初の囚人に恩赦が与えられるものとする。

こうしたゲームは、実際、囚人たちにとっては単なる「ゲーム」であり、この問いを解くこと自体に何らの意味があるわけではない。彼らを取り巻く現実は、「白／黒」といった記号だけで記述されるようなゲームに還元されるものではない。しかしともあれ、ゲームの先に「釈放」という目的が提示されることで、彼らの欲望は、「白／黒」という記号が支配するゲームの中に組みこまれ、その中で自らに割り当てられた「ポジション」を解読しようとする。この記号のシステムの中で自分は、白なのか、黒なのか。記号が指し示す論理のうちに、囚人たちは自らを見出そうとするのである。

さて今、囚人Aが、別の囚人B、Cの背中に、「白」のディスクがあるのを見ているとしよう。元のディスクは白が三枚、黒が二枚であるから、それだけでは、自分の色が黒か白かは判別がつかない。そのとき、彼が推論の縁《よすが》にできるのは、この記号のシステムにおいてはただ、結局のところ自分は「白／黒」のどちらかでしかないという事実である。「白／黒」という、排他的な記号の組に立脚することで、彼は、「選言的三段論法」と呼ばれる論理（大前提「Aは、B

かCのどちらかである」、小前提「AはBではない」、結論「AはCである」）を使えることになる。しかるに、Aは、その三段論法の小前提（「AはBではない」）を得ようとして、「もしも自分が「黒」であったならば、……」と推論をはじめる。

もしも自分（A）が黒であったならば、他の囚人BとCは、それぞれの背中にある「白」と自分（A）の「黒」を見て、次のような推論をし始めるかもしれない。すなわち、同じような前提条件のもとで、「もしも自分（BまたはC）が、黒であったなら、……」と。ところで、しかし、仮に彼ら（BまたはC）が実際にそうした推論をはじめたならば、次のことに気づかざるをえないはずである。つまり、「もしも自分（BまたはC）が、黒であったなら、自分が見ている一方の「黒（A）」と、自分の背中にある「黒（BまたはC）」を見て、「黒（A）」が貼られた囚人ではない方の囚人CまたはBは、すぐさま自分が「白」であることに気づくに違いない。なぜなら「黒」は二枚しかないのだから。だが、実際に囚人CまたはBは、考え込んで一向に立ち上がる気配がない。だとすれば、私（BまたはC）は「黒」ではない、「白」であるはずだ」。以上が、囚人Aが「黒」だったとして、囚人BまたはCの囚人のどちらかが推論をはじめた際に辿り着く結論である。だが、実際に二人がなお考え込んでいるところをみると、私（A）は「黒」ではないに違いない。「もしも私（A）が「黒」であるならば」とはじめられた推論は、現に他の囚人たちが動こうとしないことにおいて、仮定を棄却されるのである。

だが、この推論は、本当に確かであるだろうか、腰を起こして立ち上がろうとする刹那、A

は奇妙な不安におそわれる。囚人Aの推論の正しさは、実際、現に他の囚人B、Cが動き出していないという「事実」に支えられている。だが、もしかしたらそれは、彼らが、Aが期待するような推論をせず、いまだ「もし自分が「黒」であったなら、……」という三段論法をはじめていないだけかもしれない。だとすれば、いずれ彼らは遅まきながら自分（A）の「黒」を見て、のそのそと立ち上がるかもしれない。そして、そのときこそ自分は彼に先んじて看守のもとに向かい、自分を「黒」と宣言すべきなのではないだろうか。他の二人が動かないことで確からしくみえる「白」という解答には、彼を決定的な確信にまで導くものが欠けていることにAは気づくのである。

こうして、最も早く推論をなした囚人Aが、彼の推論の「確信」を求めて逡巡しているうち、同様に「白」であるところの囚人BとCが、遅まきながらAと同じ結論に達し、同様の逡巡へと誘われる。全員が「白」で互いの背中に「白」を見合うという同じ条件において推論をはじめた三人は、速度の差こそあれ、やがて同じ結論に達するわけだ。いまや三人は、互いの挙動を観察しながら、立ち上がるように見えて立ち上がらない互いの行為が「意味」するところに散々に思いをめぐらせる。各々の行為は、彼らの推論を確かにするようでもあるし、完全に棄却するものであるようにも思われる。しかし、そのような逡巡の段階を経た後、ある決定的なタイミングにおいて、最終的に三人は全く同時に立ち上がり、看守のもとに自分を「白」と告げることになるだろう。そのとき彼らが一様に述べる理由とは、おおよそ次のようなものになるはずである。すなわち、「自分は推論によって「白」であることに辿り着きましたが、それが本当に正しいかどうかという「確信」には、なかなか至りませんでした。いま私が確信をもってそのことを告げられるのは、まさにこうして三人がそろって同じ結論を言いにきているという事実に求められます。私は、他の二人の囚人が自分と全く同じように逡巡し、自分と全く同じ迷いの中にあることを見て取り、三人ともが全く同じ「確信」に達したことを「確信」したからこそ、こうして自分を「白」ということができるのです」。こうした答えこそが、実際、囚人ゲームの最も完全な解答となる。

しかしながら、この三人の最後の結論には、なお大きな論理の飛躍があるといわねばならない。というのも、他の二人が、いや自分を含めて三人が三人とも、全く同じように推論し、同じように考えているという「確信」が十分な「確信」たりえているのは、三人がそのような「確信」を共有しているということ以外に何の根拠も持っていないからである。三人とも同じ「確信」を抱いているという「確信」は、当の「確信」においてのみ基礎づけられるものであり、それを離れては何の妥当性も持たない。ひとたび、その「確信」に疑いが生じるや否や、「確信」だけに基づく「確信」はその根拠を失い、跡形もなく霧散してしまうだろう。それは論理的推論によって確かに基礎づけられるものではなく、共通の「確信」自体に基礎づけられる確かさなのである。「解放」へと向けた欲望に駆られて記号のシステムに参入し、そこで自らに割り当てられた「ポジション」を明らかにしようとするゲームは、最終的に、そのシステムに参入するものがすべて同じように「確信」をえているというまさにそのことを根拠に、通常の推論によっては決して演繹することのできない論理の壁を一気に乗り越える。このように、欲望によって急き立てられながら、兎にも角にも正しい「ポジション」を確定しなければならない状況にあって、ひとは、論理には決して還元されない種類の「確信」、システム内部の「信」によって「信」が支えられる「確信」、ラカンが「大他者（A）」と呼ぶものの次元にある「確信」を召還することになるのである。

こうした「信」の確立の構造が、経済システムにおいて我々が問題としている事柄を、より立ち入って明らかにする契機を持っていることは、もはや明らかであろう。アービトラージのトレーダーは、理論と現実の不一致を前にして、彼らの理論を放棄するのではなく、むしろ、論理的には極めて奇妙なことでありながらも、現実を理論に一致させようとするのであった。そのような論理の飛躍が可能であったのも、彼らが他のトレーダーたちとの間で行動理念を共有していたからであったのだ。「自分がやらなければきっと別の誰かが」という理念の共有が、共同性として機能することで、システム内の「現実」がそのようなものとなることを「確信」させていたのである。だが、そのように「信」によって「信」を支えるシステムは、自己自身にのみ準拠することにおいて構造的な危機の可能性を内包させることになる。鏡に映った自己自身との関係に縛られたナルシスは、外部を持たない構造の反復のうちに疲弊していく。本論では、「確信の確信」に支えられるシステムの形成と崩壊の構造を、立ち入って検討していくことにしたい。

第一章　経済とは何か？

経済と呼ばれるものは、そもそも、どのようなものだろうか。経済の構造を分析するために、経済と呼ばれるものの内実から考えるというのは、いかにも迂遠なことと思われるかもしれない。だが、「経済」という概念について、ひとは通常、あまりにも漠然としたかたちでしか理解をしていないように思われる。確かにひとは、「経済」という語で同じ事柄を共有していると「信」じている。ひとは、「経済とは何か」という迂遠な問いを問題としなくても、その語で示される事柄の存在を「信」じ合えるのである。だがそれは実際のところ、ひとが互いに同じことを「確信」していることを「確信」しているにすぎない。「経済」という語で示される現実が、実際に存在しているかさえ、人々の「確信」の「確信」以外の根拠を示すことは困難なのである。

「経済」とは一体何なのか。人が意識することなく用いている言葉の内実を探るために、本章では、その言葉が歴史上どのように用いられてきたかを見ることにしよう。人の意識の外に歴史として積み重ねられてきたものの諸相を手繰《たぐ》ることで、今日「経済」という概念がどのような規定をもつものであるかが示される。実際、議論を追って明らかになるように、「経済（エコノミー）」という概念は、現行の「経済」という語の用法を考える限り決して見えてこない非常に特異な歴史的背景を持っている。「経済」という概念は、西欧の思想の発展の中軸となりながら、通常の歴史記述の中では常に背景に退けられてきたものといえるのである。[3]

第一節　「経済」の原景

「経済（エコノミー）」という概念は、比較的よく知られているように、ギリシャ語の「家（オイコス）」に関連している。アリストテレスの『政治学』において語られるように、エコノミーすなわちギリシャ語でいうオイコノミアとは、「オイコス（家）」の「ノモス（法）」、すなわち、家長による家の遣り繰りの術（家政術）を意味するものであった。アリストテレスは、「家政術（オイコノミア）」を、とりわけ「家」の維持に関わるものに限定し、都市や国家を采配する「ポリティケー（政治術）」から区別している。後の「ポリティカル・エコノミー（政治経済学）」という用法に見られるような「政治」と「経済」の重ね合わせは、アリストテレスにおいては区別されるべきものと見なされていたのである。

「政治」と「家政」を区別すべきというアリストテレスの主張は、しかしながら、アリストテレスから下ってそう遠くない時期においてすでに、反故《ほご》にされる傾向をもっていた。アリストテレスの「著作集」に含まれながら、現在ではアリストテレスから何世代か隔てた弟子の手によると見られている『経済学（オイコノミカ）』という著作においてすでに、「オイコノミア」という概念は、「家政術」を超えて「政治」の領域にまで拡張されている。「オイコノミア」に関する論述が連ねられる『経済学』の第二巻は、『政治学』においてアリストテレスが区別した「家政術」と「政治術」の区別を取り除き、「オイコノミア」概念の射程を、「家」から大きく離れて、「王の経済、サトラップ〈州〉の経済、都市の経済」[Aristotle:Économique,1345b7]にまで拡張している。「いかなる貨幣を造るべきか」ということから、様々な「税の徴収」、その「支出」に至るまで、そこでは、同じく「オイコノミア」という言葉で語られるべき事柄と見なされた[cf.Aristotle:Économique,1345b20-1346a20]。注釈者のグローニンゲンも認めるように[cf.Groningen,55-6]、「オイコノミア」の概念は、アリストテレスからさほど遠くない世代にあってすでに、「家」に対象を限定した管理・統制の術を離れて、広くその対象を「政治」の領域へと広げていたのである。

同じようにアリストテレスにおいて区別されるべきと主張され、西欧の思想の文脈でしばしば引き合いに出される事柄に、「オイコノミア〈家政術〉」と「クレマティケー〈貨殖術〉」の差異がある。しかしながら、そのように「べき」と語られるものが、古代ギリシア当時、どれだけの「権威」を持ちえたかを知ることは困難だといわなければなるまい。

> 貨殖術は〈家政術（οἰκονομία）における財獲得術と同様に〉財を作る術ではあるが、そのまったき意味においてではなく、ただ財の交換をつうじて財を作る術である。……いずれの財獲得術も同じもの――同じ財産――を使用する点で重なるところがある。ただし同じ観点からではない。一方の財産使用にはそれ自身とは異なる目的があるが、他方の

財産使用にとっては財を殖やすことそのものが目的である。したがって、ある人びとの眼にはこの財を殖やすことが家政術の仕事のように映る。そして彼らは、動産を守らねばならないとか、際限なく財産を殖やさなければならないと思ってやまないのである。

[Aristote:Politique,1257b20-1258a10]

アリストテレスは、このようにして、財獲得自体を自己目的化する「貨殖術」を、オイコノミアにおける財獲得術から区別した。今日の「経済」が、「家」の遣り繰りに限定されず、「財の交換を通じて財を作」り、しばしば「際限のない財獲得」を目的とすることから考えれば、アリストテレスが示している家政術の規定は、異質なものと思われるかもしれない。しかし、古代ギリシアの当時において「オイコノミア」という概念が実際にどのように用いられていたかという観点から見れば、アリストテレスの時代にあってすでに、「ある人びとの眼には」、財の獲得を自己目的化した追求が「家政術の仕事のように映」っていたことが見いだされる。「家」の「経済」に関わる技術が、その「本性＝自然」を逸脱し、財獲得の自己目的化へと拡張されていく傾向は、当時にあってこの語の用法に付随していたと見ることができるのである。

では、「経済」という概念が、アリストテレスが語る「区別」とは無関係に、今日の経済の用法にまでそのまま展開したのかといえば、そうではない。「経済」という概念は、奇妙なことに、一方において世俗的な用法によってその境界を不断に浸食されながらも、「べき」としてアリストテレスがここで示した区別を遵守し続ける方向で展開していくのである。「オイコノミア」という概念は、野放途な拡張に抗して、「自然＝本性」に即した使用を「義務」として課す傾向を保ち続けた。その間の事情は、次にみるストア派やキリスト教における「オイコノミア」の用法に示されるが、その点を確認する前に、「経済」についてアリストテレスが語っていたことが、後年、顕著なかたちで「権威」として適用された例を見ておくことにしよう。それは、「オイコノミア」を管理する者についてのアリストテレスの記述に関わる事柄である。

　アリストテレスにおいて、「オイコノミア」を考える上で、「家」の管理を行う「主人」は、不可欠な要素と見なされた。「家政術」としてのオイコノミアは、「家」の財を管理する者の存在と切り離して考えることはできないのである。このこと自体は、アリストテレスの「オイコノミア」の枠組みから自然に帰結することだといえよう。問題なのは、そこで「主人」となるべき者の資質についてのアリストテレスの捉え方である。アリストテレスは、「家」における生産を管理する上で、実際の労働を行う「奴隷」をも、ひとつの「財」に数えているが、そのとき「主人」と「奴隷」を分つものを、「知性」としているのである。

> 知性によって（τῇ διανοίᾳ）予見する（προοπᾶν）ことのできるもの（δυνάμενον）は自然的に支配者（ἀρχῇ φύσει）、自然的に主人（δεσπόζον φύσει）であり、肉体の労力によって他人が予見したことを為す能力をもつものは被支配者、自然的に奴隷（φύσει δοῦλον）である。

[Aristote:Politique,1252a30]

ここでアリストテレスは、「知性」をもって予見する能力の有無が、管理される者と管理する者を分かつ分水嶺となるとしている。知性をもって、家の物事を取り仕切る者が「主人」であり、知性を持たないがゆえに、管理される側にまわるのが「奴隷」とされるのである。

このように「知性」の有無によってオイコノミアの主人と奴隷を分かつアリストテレスの考え方は、時代を下って「新大陸」発見のとき、植民地支配を肯定するための根拠として用いられた。[4]「理性」を持たない「野蛮人」たちは、「われわれのオイクーメネー（οἰκουμένη）」において「奴隷」として位置づけられてしかるべき存在である。そこでは、オイコノミアについてのアリストテレスの考え方は、物事の「自然＝本性」を直裁に示す「規範」と捉えられたのである。およそ「オイコノミア」と呼ばれるべきものにおいて、「知性」の有無が、主人と奴隷を分かつ基準となる。アリストテレスの捉え方は、そこで、「オイコノミア」と呼ばれるべきものの特性を規定する機能を果たしていることがわかる。アリストテレスの「オイコノミア」の捉え方は、そこで例えば、「現実」における「野蛮人」たちの見た目の近さなどによって覆されるものではなく、物事の「ありうべき姿」を示すものと捉えられているのである。

では、「オイコノミア」という概念は、いかにして、単に現実の事柄を記述する以上に、「義務」として物事の「自然＝本性」を規定する機能をもつに至ったのか。その消息を辿るためにも、管理される「家」という枠組みを、「世界全体」へと拡張したストア派の議論を見る必要がある。

第二節　「経済」と超越

1　ストア派における「オイコノミア」

いま言う家とは、塀に囲まれたわれわれの家のことではなく、この世界全体（mundus hic totus）のことだ。この世界は、われわれの住居にして祖国であり、神々がご自身と共有のものとして、われわれに与えてくれたものだ。［SVF:III,338］

『初期ストア派断片集』の編者アルニムによってクリュシッポスに帰されている、キケロの作中登場人物の文言には、「家（domus）」概念の「世界全体」への拡張が示されている。初期ストア派を代表する哲学者として膨大な著作を表しながら、今日では他の著作における引用というかたちでしかほとんど見ることのできないクリュシッポスの思想において、「世界全体」は、ひとつの「家」として秩序づけられるものと考えられた。キケロによるラテン語の記述では見にくくなっている「オイコノミア」との関わりは、次のようなプルタルコスによるクリュシッポスの引用に見ることができる。

なぜなら共通の自然があらゆるものにのび広がっているので、宇宙全体の中で、あるいはその どの部分においてであれ、何らかの仕方で起こるものは、すべて、その自然と自然のロゴスとに基づいて、妨げられることなく順序に従って生じているが、それは、そのオイコノミアの邪魔になる者が外にあることもなく、諸部分のどれも共通の自然にしたがって動いたり制止したりすることしかできないからである。[SVF.II.937（強調は引用者）]

すなわち、ここでクリュシッポスは、「オイコノミア」という概念を、「ロゴス」によって管理された「世界全体」の秩序と捉えている。世界＝家における様々なものは、「共通の自然＝本性」にしたがって秩序づけられ、「オイコノミア」の中に調和するものと見なされたのである。アリストテレスにおいて「知性」によって管理されると見なされた「オイコノミア」が、ここでは、「ロゴス」による世界全体の調和を示す概念と見なされている。世界におけるあらゆる物事は、そこでは、その自然＝本性において、「ロゴス」の管理による「オイコノミア」に調和するものと見なされたのである。

ストア派のこのような「オイコノミア」の捉え方には、すでに、現実における「経済」のあり方の記述を越えて、世界のありうべき姿を理念的に記述する傾向を認めることができる。「オイコノミア」という概念は、ここで、「ロゴス」にしたがった世界のあるべき姿を示すものとして用いられているのである。「オイコノミア」という概念は、アリストテレスにおいて見られた世俗的な用法の浸食から離れて、物事の「自然＝本性」を指すものとして用いられているのだ。

ストア派の倫理と共感応

同じ構造はまた、物事のあるべき姿を示す世界の「摂理（Providence）」といいかえられる。「ロゴス」にしたがった「オイコノミア」の秩序は、あらゆる物事について最も「美しい」あり方を指し示すものと捉えられるのである。

〔ストア派の創始者〕ゼノンによると……すべてを包括し統一している宇宙の自然本性は……すべてのものにとっての有益と好機とを配慮し、摂理するものである。……宇宙の精神とはこのようなものであり、それゆえ、思慮あるいは摂理（Providence）と呼ばれて正しい。ギリシア人は πρόνοια〔予め配慮する知〕と呼んでいるからである。この精神が何よりもまず配慮し、気にかけているのは、まずは宇宙が、存続するためにできるかぎり適していること、次には何ものも欠いていないこと、そして何よりも最高の美しさと装いのすべてが実現していることである。（キケロ『神々の本性について』（2,57-58））[SVF:I,172]

ここでは、ひとつの「家」としての「世界」が、「宇宙の精神」の「摂理」に基づいて管理されるあり方が示されている。物事は、その「自然＝本性」に基づき、あるべき姿をとらなければならない。「宇宙精神」によって「予め配慮された知＝摂理」に従うことこそが、物事の最も「美しく」、最も「正しい」あり方と見なされるのである。

そうした「宇宙精神」によって予め配慮された「オイコノミア」の調和は、クリュシッポスによれば、「共感応（συνπάθεια）」と呼ばれる原理によって果たされるといわれる。「一切の実体は一体になっていて、一種の気息がその実体全体に行きわたっており、万有はその気息によって連続性とまとまりを保ち、自己自身と共感応するものとなっている」［SVF:II,473］[5]。物事の自然＝本性に即した「オイコノミア」の調和が、ここで「共感応」と呼ばれる原理によって果たされるのである。

ここで語られる「共感応（συνπάθεια）」の原理が、アダム・スミスが属するスコットランド学派の人々がそれぞれの仕方で「道徳哲学」の基礎として用いた「シンパシー（sympathy）」概念の源泉となっていることに注意しておこう。本章の最後に詳しく見ることになるが、アダム・スミスの「経済学」は、繰り返しストア派に立ち返りながら展開された「道徳哲学」から導かれるものであった。「神の見えざる手」による「経済」の調和を語るスミスは、その発想の源泉の少なくともひとつを「共感応（sympathy）」を原理とした道徳的秩序に負っているのである。

ストア派の思想家にとっての「倫理」とは、宇宙の摂理との「共感応」を導きとしながら、物事の「自然＝本性」に即して生きることであった。人が従うべき法は、何よりもそうした「自然」が定める法であり、人間が作った法は、「自然法」に対して二次的な意味しかもたない。実定法に対する自然法の優位という近代法学の発想は、こうしたストア派における倫理を基礎に展開されるものであった。

彼ら〔ストア派の人々〕は、思慮とは法であり、正しい行いを命じ、そこから外れることを禁じる力があると考えている。……正義の起源は法に求めなければならない。法は自然本性の力であり、思慮あるひとの精神ないし理性であり、正不正の基準だからである。……この法はすべての時代を超えて、書かれた法のすべてより以前に、そもそも国家より以前に生まれたものである。［SVF:III,315］

人間が定める実定法を超えて効力をもつ「自然法」という考え方が、こうして、「オイコノミア」の調和との関わりにおいて示されることになる。「理性」が、自然＝本性に即して「配慮」した法は、「書かれた法のすべてより以前」に、「正義の起源」として位置づけられる。物事の自然＝本性に即した調和は、「オイコノミア」における自然法の秩序を示した。こうした自然法についてのストア派の考え方は、後に近代国家論のうちで再発見され、近代の自然法学へと引き継がれる。グロティウスを祖とみなす近代自然法学は、「理性の法」との共感応によって果たされるオイコノミアの調和との関係において語られるのである。

しかし、「オイコノミア」という思考の枠組みを中核とするストア派の思想は、近世においてキリスト教神学のオルタナティブとして再評価されるずっと以前に、当のキリスト教の成立自体に大きな影響力をもった。[6] 世界全体を「家」と見なし、その「経済」を考える思考の枠組みは、他ならぬキリスト教の「救済」の論理として語られることになるのである。[7]

2　キリスト教における救済のエコノミー

わたしたちはこの御子において、その血において贖われ、罪を赦されました。これは、神の豊かな恵みによるものです。神はこの恵みをわたしたちの上にあふれさせ、すべての知恵と理解とを与えて、秘められた計画をわたしたちに知らせてくださいました。これは、前もってキリストにおいてお決めになった神の御心によるものです。こうして、時が満ちるに及んで、為されるべきものが完成し（εἰς οἰκονομίαν τοῦ πληρώματοσ τῶν καιρῶν）あらゆるものが、頭であるキリストのもとに一つにまとめられます。天にあるものも地にあるものもキリストのもとに一つにまとめられるのです。［Paul,1.7-10：強調は引用者］

紀元八〇から一四〇年代の間に、パウロに擬して書かれて聖典に数えられた、いわゆるエフェソ書[8]は、イエス・キリストの贖罪によって約束された神によるこの世界の救済を「オイコノミア」という語を用いて表現した。しばしばストア派の哲学との親和性を指摘されるパウロ[9]（およ び偽パウロ）が、こうしてオイコノミア概念を聖書の世界観に採用するにあたって、その語のストア派的な用法をどれほど意識していたかという問題は、本論の議論の範囲を超える。だが、この書の著者が、神がキリストに託した「世界」の救済を、オイコノミアの秩序に従って整序することで果たされると考えていたことは確かであるといえる。神によって予め配慮されていた「オイコノミア」は、そこでは、キリストが人としてこの世界に生まれ、人々の「原罪」のすべてを贖って死ぬことで完遂される。「神の子」として遣わされたキリストを「信」じるかぎり、人々はその救済のオイコノミアに与ることができるのである。

「神の子」としてのイエスが、キリスト教において、そのまま「ロゴス」と言い換えられることは比較的よく知られている。「ヨハネによる福音書」における「神のロゴス（言葉）」についての記述が、三位一体論が成立する過程において、父なる神によってこの世界に遣わされたもの、すなわちキリストと同一視されたのである。だがここでは、そのような解釈が、神の「オイコノミア」という思考の枠組みと軌を一にしていることを見る必要がある。「オイコノミア」を管理するものとしての「ロゴス」というストア派の枠組みは、そこで、救済の「オイコノミア」を司るものとしてのキリストに重ね合わされる。ストア派において世界の秩序と同一視された「オイコノミア」は、こうしてキリスト教において、神による救済計画の実行として位置づけ直されるのである。

こうした、「神のうちに、世界がはじまるときから隠されていた、神秘のオイコノミア」[Paul,3.9]についての議論は、初期の教父たちによって、キリスト教の三位一体論の中核に位置づけられる。「父なる神」と「子としてのキリスト」と「聖霊」は、それぞれ独立した実体をもつものなのか、ひとつのものの三つの様態なのか。オイコノミアにおける調和という思考の枠組みが、三つのものの「一性」を可能にするための鍵として用いられることになるのである。キリスト教神学の研究成果を丹念に辿りながらアガンベンが跡づけたように、オイコノミアという概念は、アテナゴラスを経てリヨンのエイレナイオスによって「正統派キリスト教神学」が構築される中で、キリスト教神学の核心に位置づけられた[cf.Abamben,2.9]。仮借ない「異端論駁」によって「正統派キリスト教」を確立したエイレナイオスは、現世を否定し救済を認めないグノーシス主義者を反駁する中で、「オイコノミア」という概念を多用し、その神学的位置づけを確かなものとしたのである。神のオイコノミアがキリスト＝ロゴスとして受肉したと説いたのはグノーシス主義者たちだったが、エイレナイオスはその教義を批判しながら、オイコノミアという思考の枠組みを継承する。[10] エイレナイオスはそうして、オイコノミア概念をグノーシス主義者たちから奪い取り、「父‐子‐聖霊」の一性を示すものとして練り上げる。激しく他派を批判する中で「正統」を確立していったエイレナイオスは最終的に、グノーシス主義者たちを「救済」のオイコノミアから排除することになるのである。

それゆえ、知識（グノーシス）という口実のもとにイエスとキリストとひとり子、さらにみことばも救い主もそれぞれ別の者だと考えている人々は皆、オイコノミアの外にある人々である。［Eirenaios,III.16.8］

「オイコノミア」という概念は、三位一体論の中核をなすものとしてキリスト教神学に取り入れられると同時に、「正統派キリスト教」に属さない思想を「オイコノミアの外」に排除したのである。

3　ルネサンス期における自然のエコノミー

エイレナイオスの教義統一の夢が、ウルガタ聖書へと結実し、キリスト教神学において動かざる権威を獲得するに至ると、オイコノミア概念はキリスト教神学の文脈から一旦姿を消す。[11]正統派キリスト教神学を構築する際に重要な機能を果たしたオイコノミア概念は、ラテン語訳聖書において dispensatio/dispositio と訳されることで、キリスト教神学の体系をその中心において支える役割から退くことになるのである。[12]だが、そうして神学の舞台の脇役へと退いたオイコノミア概念は、奇しくも、エイレナイオスが「オイコノミアの外」に排除したはずの「異端文書」の再読を契機として、再び歴史のうちに登場する。[13] ルネサンス期、古典復興の波の中で発掘されたギリシャ語の文献は、ちょうど紀元一、二世紀、キリスト教の教義が確立する過程で排除した文書だったのである。

メディチ家の支援を受けてフィチーノが翻訳し、以後の人文主義の運動の火付け役となった紀元一、二世紀のギリシア語の文献のうち、とりわけ当時大きな影響を与えたと見なされるのは、偽ヘルメス・トリスメギストスの著作群であった。[14] 偽ヘルメス・トリスメギストスの著作は、同じくフィチーノが取り組んだプロクロスやプロティノスなどの新プラトン主義の文献と同じ時期に成立したものと現在では考えられているが、発見当時、プラトンよりも時代的に先立つものと信じられた。グノーシス主義や新プラトン主義の影響下に書かれたと見なされる著作は、当時、古代エジプトを擬した額面通りに受け取られ、世紀の発見として人々に示されたのである。

コジモ・デ・メディチは、代理人がマケドニアから持ち帰った写本の中にヘルメス文書を見出すと、すでにフィチーノに命じていたプラトンのギリシア語著作の翻訳の作業を中断させ、フィチーノの最初の訳業として『ヘルメス選集』を刊行させる。一六一四年のカゾボンの文献学的精査によって、紀元一、二世紀のグノーシス主義と新プラトン主義との混淆思想であることが明らかにされる以前には、モーセの時代に遡る「最古の神学書」と信じられた[15] ヘルメス文書は、当時の知識人たちによって、思想史上の大発見として受け入れられたのである。

実際、キリスト教が成立するはるか昔に、神による世界の創造と、その「ロゴス＝子」による世界の「救済」が説かれていたとするならば、福音書に示された事柄は、キリストが生まれるずっと以前に下書きされたものであったことになる。キリスト教の三位一体論は、キリスト教が成立するずっと以前にエジプトで説かれていたことになるのである。加えて、もしそれが本当にヘルメス・トリスメギストスの手によるものだとすれば、ヘルメス文書に書かれていることは、「我々の敬愛するあの神にも等しいプラトン」の思想の形成に、直接的な影響を与えたことにもなる。ヘルメス文書が、新プラトン主義とグノーシス主義の影響を受けて成立したものである以上、そこにプラトンの思想とキリスト教の影が認められるのは当然なのだが、成立年代の転倒は、そのまま文献学的価値の転倒として認識された。ヘルメス文書は、その結果、その時代に限定的な仕方で、しかし絶大な影響力をもつことになったのである。

自然概念の内在化——コペルニクスとブルーノ

この観点からすれば例えば、今日の科学的認識への転換点としてしばしば参照されるコペルニクスの地動説も、ヘルメス文書の強い影響に成立したものと見なされる。[16] コペルニクスの地動説は、観察にもとづく実証的な知見というよりもむしろ、観念的な思考の枠組みの転換から帰結するものであった。A・コイレが指摘するように、コペルニクスは、天動説から地動説へと移ったときに説明できなくなる「経験的事象」の存在を看過して、十分に説明できなかった[cf.

コイレ ,154ff.］。地球が太陽の回りをまわるのだとすれば、地球は非常に速い速度で進行していなければならない。だとすれば、地球の上にあるすべてのものは、その速度に応じて地表から投げ出されるほどの強い力をうけるのではないか。プトレマイオスの天動説がその理論内在的にすべての現象を記述しうるのに対して、コペルニクスの議論は、経験的に観察される事柄に基づいた、ごく簡単な問題に対してさえ答えられない理論と見なされたのである。

しかし、このコペルニクスの観念的な思考の枠組みの転換は、ジョルダーノ・ブルーノによる擁護を経て、既存の体系に変わる新しい理論へと精緻化されることになる。すなわち、ブルーノは、動く船の上から落とされる石が、船と同じ運動を共有して船の上に垂直に落ちることを示すことで、右のコペルニクスの難点を克服しようとしたのだ。

このような議論は、ともすれば、中世の時代の人々の迷妄を示す端的な例と受け取られるかもしれない。すでに認識の枠組みが改まった後の物理学においては、ブルーノが示した運動の相対性の議論は、ごくごく初歩的な現象と見なされる。だが、その当時問題とされていたのは、既存の枠組みの中での学習ではなく、思考の枠組み自体の転倒であったことを見る必要がある。ブルーノの議論は、それまで曲がりなりにも整合的に自然現象を記述してきた思考の枠組みを、根底から覆すことを意味していた［cf. コイレ、164］。ほとんどの人々が「確信」し、すべての物事がその枠組みの中で記述される知の体系の中にあって、なぜ敢えてひとりの改革者が語ることを「信」じる必要があるだろうか。そこで問題となっていたのは、物事の「自然＝本性」

の秩序、すなわち「オイコノミア」についての思考の枠組みの転回だったのである。

当時キリスト教神学と一体化されたアリストテレス主義的自然学において、すべての物事は、その「自然＝本性」に即した場所をもつと見なされた。あらゆる物は、自らにとって「自然」な状態をもっており、すべてのものは自らの「自然＝本性」へ回帰するように運動すると考えられた。石は地に横たわって動かないことが「自然」であり、石にとって動くことは「自然」へと回帰するための過程としてしか現出しない。こうした考え方は、天上の神が定める「自然＝本性」の秩序と、地上におけるその実現というキリスト教神学の議論と一体化し、整合的な「世界」を記述していたのである。

ブルーノの議論は、しかし、動く船の上にある石（すなわち、動く地球上におかれたすべての物）を、動いたまま「自然」な状態にあると見なす点で、「自然＝本性」という概念自体に対する根本的な批判を加えることになった。天上の神が定めた「自然＝本性」が永遠であるならば、なぜ同じ石が、船の上にあるときは相対的な運動の上に安定し、船外にあるときは完全な静止を求めて運動するのだろうか。物事の「自然＝本性」を、地上の出来事の状況に応じて変化するものと考えることは、最終的に「自然」という概念を「天上世界」の枠組みから引き離すことになるのである。

実際、ブルーノは「自然」という概念自体の内実を、伝統的な認識の枠組みとは異なるものと理解している。当時の知の構造を規定していたアリストテレス主義的神学において、「能産的（生む）自然（natura naturans）」と「所産的（生まれる）自然（natura naturata）」は、同じ「自然」であっても本性を異にするものと見なされた。「世界＝家」にわれわれを創造する「神」が「生む自然」であるとするならば、「主人」によって存在を与えられる様々な事物は、「生まれる自然」である。「世界＝家」におけるすべての物事は、そこでは、「神」によって定められた「自然」に即して秩序づけられると見なされたのである。

ブルーノの議論は、しかし、こうした伝統的な存在の二分法を廃棄し、「生む自然」も「生まれる自然」も、同じ自然の二つの側面と見なすことになる。ブルーノにおいて「自然」は、「世界＝家」自体に内在する生成の原理としてとらえられる。様々な物事は、そこでは、「生み・生まれる自然」の中で、自らの「自然＝本性」を見出す。ブルーノの理論的急進は、こうして、アリストテレス主義的な二元論に支配されていた自然＝本性の概念を、内在的原理として一元化していくことになるのである［cf. Védrine］。

こうした「自然」に関する考え方の枠組みの転倒は、単に認識上の変化にとどまるものではない。それは、「世界」における人々の行為自体を根底から変化させる力を持っていたといえる。実際、世界の事物の生成の原理が世界自体に内在するものだとするならば、その秩序の探求は、天上の世界へと向けられるものではなくなり、地上の事物そのものを対象とするものへと変化することになるだろう。神が定めた「オイコノミア」は、天上の霞みから到来するのではなく、この地上の事物自体に内在するものと見なされる。世界の「摂理」は、その限りにおいて、目の前にあるものの中に隠されていると見なされることになるのである。

共感応を原理とした自然のエコノミーの探求：近代自然科学の成立

ヘルメス文書の魔術的側面を取り入れながら、世界に内在する生成の原理を探求したルネサンス期の「自然学者」たちは、こうして、後に近代自然科学へと結実する思考の枠組みを獲得することになる。自然科学とは、こういってよければ、世界に内在する物事の自然＝本性の「摂理」を明らかにしようとする試みであったのである。

何であれ、最も幸せな自然のよきものは、内的な太陽、ミルラ（没薬：Muniae）とバルサム（Balsami）を混ぜることによって享受される。その恩恵によって、それらは統合され、唯一のエコノミーの中に調和する（in unam oeconomiam conspirant）。そうして、それらの自然が、限定された派生物を、数多く生み出すことになるのである。［Severinus,14］

パラケルスス学派の医学者であったセヴェリヌスは、「没薬」や「バルサム」と呼ばれる物質を、そこからわれわれの生命を含めた様々な「派生物」が生み出される「自然」の力の源と見なした。ヘルメス主義において世界を創造する原理とされた「太陽」は、ここで、物質そのものに内在するものとみなされ、そこから様々なものを派生的に産出しうるものと考えられた。こうした内在的な自然の産出の原理を探求しようとする試みが、後の化学における体系的な知の土台となったことは、比較的よく知られていよう。そこからすべてのものを産出しうる究極の物質の探求が、様々なものがいくつかの元素から構成される構造の認識へと導いたのである。

本論の文脈で重要なのは、その世界内在的な「自然」の秩序が、再び「エコノミー」という概念によって捉えられているという点である。天上から切り離されて世界に内在する自然は、それ自身、「唯一のエコノミー」において調和するものと考えられたのである。

当時の自然学者＝医者＝魔術師たちは、また、その自然の「エコノミー」を利用することで、様々な「治療」を行いうると考えていた。すでにフィチーノは『天上より導かれるべき生命について』において、様々な護符や図像を用いた宇宙の摂理との交感の法則を論じていたが[17]、彼らは自然のエコノミーにおける「共感応」の原理によって、自然の秩序に直接的に介入しうると考えた。このような考え方は、実際、「自然魔術師」たちの試行錯誤の中から、自然科学的な知見が獲得される時期までその痕跡を見出すことができる。

ケネルム・ディグビーは、例えば、一六五八年、『共感応の粉による傷の治療について』において、「迷信」とは異なる新たな「科学的」な知見として、「共感応の粉（Poudre de Sympathie）」の遠隔作用による治癒を証明しようとした。

では、これから、風を構成し、それを満たす微粒子について御覧戴くことにしましょう。

それらの〔風を構成する〕微粒子は、普遍的第一原因が、それらに渡すものとは全く異なる方法で、しばしば惹き付けられるのです。……流れや自然のエコノミーの中に、私たちはたくさんの種類の惹き付けがあることを認めることができます。……サイフォンによる水やワインの惹き付けは、この風のそれと同様のものということができます。[Digby,72]

ここでディグビーは、流体中の「粒子＝粉」が、アリストテレス主義的神学が考えるような「普遍的第一原因」、つまり神の作用によってではなく、圧力によって動かされることを説明しようとしている。今日「サイフォンの原理」として知られるものは、ディグビーによれば、神の作用によるのではなく、「自然のエコノミー」における「共感応」の原理によって引き起こされるとされる。ここで問題なのは、もちろん自然現象についての当時の人々の限定された認識を、今日の水準に照らして判定することではない。問題なのはむしろ、こうした彼らの「自然学＝物理学（physique）」の試みが、中世の「迷妄」を乗り越えようとするものとして意識されていたという事実である［cf.Digby,178］。「共感応」を原理とした「自然のエコノミー」という思考の枠組みが、中世の世界観を乗り越え、近代的な科学を成立させる重要な契機となっているのである。

同じことは、今日の「自然科学」に直接的に連なる数々の発見を遂げたロバート・フックにも確認することができる。ボイルの助手として「ボイルの法則」を定式化し、顕微鏡による様々な観察によって毛細管現象を発見、「フックの法則」を応用したぜんまいの技術を開発する一方で、重力法則の発見の先後関係をニュートンと争ったフックは、研究対象としての「自然」を、「共感応」を原理とした「エコノミー」として捉えていた。

あらゆる物体の諸部分は……振動しているので、「あらゆる物体はそのうちにある程度の熱をもっている」ということ……は何ら証明をする必要はないと思われる。……それ〔以上のようなことに反対すること〕は、宇宙の壮大なエコノミーにまったく反していているからである。こうして、我々は、共感応（*Sympathy*）の理（reason）、つまり何らかの物体の相互結合が何かということと、と反発（*antipathy*）の理、つまり他のものからの相互的に飛び去ることが何かということを理解する。というのは、調和（*Congruity*）とは物体の共感応にほかならず、不調和というのは諸々の物体の反発にほかならないと思われるからである。〔Hooke,16（強調はすべてフック）〕

ここには、ニュートンが「自然学」の権威としての地位を確立し、その後の「知」の構造を規定していく時代において、「共感応のエコノミー」という思考の枠組みが、「自然」についての認識図式のひとつとして機能していたことがうかがえる。「自然学者」たちが探求していたのは、自然自体に内在する「ロゴス」であり、その「オイコノミア」であったと考えることができるのである。

こうした「世界＝家＝自然」に内在する「エコノミー」を明らかにしようとする「自然学」の試みは、近代における新たな知の枠組みの探求の規範となる。アダム・スミスやカントの時代の思想家が、天文学や物理学などの自然学を起点に思考をはじめているのは、彼らの多才を意味する以上に、自然学と思想との間の認識の枠組みの共通性を示すものと考える必要がある。自然のエコノミーの探求という認識の枠組みは、そうして、今日「経済学」と呼ばれるものの内実の確定に大きな役割を果たすことになるのである。

4　ケネーにおける経済

「経済学」という語を最初に用い、アダム・スミスに先だってはじめて体系的に「経済」を記述したと評価されるケネーは、どのような理路を辿って、人々の商業的な取引の相関の研究に「経済の学」という名を与えるに至ったのだろうか。実のところ、ケネーにおける「エコノミー」という概念の使用は、「経済学」を語りはじめるずっと以前、最初期の「医学書」にあらわれている。

ポンパドゥール夫人の侍医であったケネーは、一七三六年に書かれた『アニマル・エコノミーに関する自然学的試論』において、当時の医学的知識を背景としながら、動物の身体に現れる様々な症状が、どのような「エコノミー」によって現れるのかを論じている。[18] ケネーは、そこで生体の有機的な構造を「エコノミー」として捉え、その調和と不調和を論じているのである。「アニマル・エコノミー」という語の用法は、ケネーが最初に用いたものではなく、当時、「生理学研究の一つのジャンル」として一定の広がりをもつものであった。オランダのデカルト学派、ライデンの自然学者たちによって最初に用いられたとみなされるこの語は、「人間の身体におけるきわめて深遠な自然のエコノミー」[Charleton, 55] を示していた。[19] 「アニマル・エコノミー」という概念は、それ自身、「自然のエコノミー」の探求として位置づけられていたのである。

だがケネーは、そこからどうして、人々の間の商業的な取引の総体に「エコノミー」という語を適用するに至ったのだろうか。当時単に「商業論」と語られていた学問に「経済の学」という名称を与えたケネーが、その語を自らの学問として主体的に用いたのは、まず政治学的な著作においてであった。一七六七年の『中国の専制について』においてケネーは、「自然法」に基づいた統治体制を論じる文脈で、「経済の学（la science économique）」[Quesnay: Œuvre, 1018] の必要性を論じている。つまりケネーにおける「経済の学」は、今日経済と呼ばれるものを対象とするものであるよりも前に、何より「自然＝本性」に基づく社会秩序のあり方を探求するものとして位置づけられているのである。

「自然法（les loix natuelles）」とは、ケネーによれば、「人間の存続、保存およびその生活の便に必要な財の永続的な再生産に関わる自然＝物理法則そのものである」[Quesnay: Œuvre, 1015]

とされる。それは、人間によって恣意的に定められる「実定法」を超えて、われわれの存在をその本性＝自然において規定するものとなる。こうしたケネーの自然法の捉え方に、先にみたストア派の思考の枠組みの反復を認めることは容易だろう。「世界＝家」を管理する「エコノミー」は、ストア派において、神的な位置づけを与えられた「理性」を法とするものであった。「人間」は、自ら「理性」を持つ限りにおいて、自らの行為を、世界全体の「エコノミー」の中に調和させることができると見なされたのである。ケネーにおける「自然法」とその秩序もまた、「理性」をその中心の原理とするものとされている。「理性を自由に行使することによってのみ、人間は、ひとつの偉大な科学である経済の学（la science économique）の中で、発展することができる」［Quesnay:Œuvre,1018（傍点は引用者）］。ケネーが提示する「経済学」は、世界に内在する「自然」の原理としての「理性」の法を探求するものとして位置づけられるのである。

商取引の体系をひとつの「エコノミー」と捉え、そこに「自然」が定める法則を見定めようとする『経済表』の試みは、それゆえ、あくまで「自然のエコノミー」の探求のひとつと見なされる。それまで単に「商業論」として語られてきた事柄は、そこで互いに連関し合いひとつの「体系」をなすことにおいて、「経済」と見なされる。個々の人々の商業取引が、その「自然＝本性」に基づいて体系のうちに調和することにおいて、「経済の学」の探求の対象となるのである。

自ら「エコノミスト」と称しつつ商取引の体系的秩序を論じるケネーの重農学派は、当時様々な反発を受けながらも、「エコノミー」という用語法を他派へと浸透させていった。[20] この過程において、それまで「商業論」として語られてきた事柄が、「経済」という体系的秩序の探求として共有されることになる。「経済学」は、こうして、人々の自然＝本性の調和の構造を明らかにする学問として位置づけられたのである。

同じ構造は、アダム・スミスにおける「経済学」の成立にも見ることができる。「経済」とは、そこでも、ひとつの自然のエコノミーと見なされたのである。

第三節　「経済」と道徳

1　スコットランド学派における道徳のエコノミー

道徳哲学者としてのアダム・スミスと経済学者としてのアダム・スミスとの間には、一見するところ、調停のしようのない矛盾があるように見える。一方において人々の間の共感応を原理とした道徳を論じながら、他方でなぜ人々の競争的な自己利益の探求を前提とした体系を記述しうるのだろうか。アダム・スミス解釈をめぐって提出されるこうした外面的な疑問は、しかし、アダム・スミス研究者の間においては、すでに久しい以前から問題とされなくなっている。第二次世界大戦中、偶然に発見されたアダム・スミスの『法学講義』Ａノートは、道徳哲学から経済学へと至るスミスの企図が、「共感応（sympathy）」の原理を基礎とした、道徳＝法

＝経済の構造の解明にあったことを明らかにした。[21] アダム・スミスの「経済学」は、すなわち、少なくとも彼自身の企図においては、共感応に基づく自然法学の一分野として位置づけられるものであった。

だがどのような理路を辿れば、スミスにおける経済学が、法学の一分野たりえるのか。その内実を辿るためには、アダム・スミスの道徳哲学が立脚する議論の文脈を辿り直す必要がある。

自然法を基礎とした自然神学をスコットランドにもたらしたとされるカーマイケルは、プーフェンドルフの問題設定を受けながら、自然のエコノミーの探求を道徳哲学へと展開させた。[22] すでに「自然学」の成果によって、物理的な次元における「自然」の秩序の解明は進められたが、その試みはいまや人々の道徳的な行為を規定する原理の探求へと向けられなければならない。自然のエコノミーの探求は、そこで、人々のモラルを規定する「自然＝本性」を明らかにする方向へと向けられたのである。

カーマイケルによれば、人間はその「自然」において、「他者の感情を模倣し共感応する本性的な傾向」[23]を持っているとされる。理性的な存在者としての人間が、神の「摂理」によって生きるためには、「共感応」と呼ばれる能力が求められることになるのである。[24]

こうしたカーマイケルの議論にストア派の思想の枠組みが重ね合わされることは容易に見て取れる。先にみたように、ストア派において、世界の秩序としての「エコノミー」は、単に物理的な現象の性質を規定するものではなく、人の行為を「善」と「美」に調和させるものと見なされた。エコノミーにおける共感応は、人々をその道徳的な「本性＝自然」に即した調和へと導く原理として位置づけられたのである。

従来のキリスト教神学における超越的な行為規範の規定とは異なる仕方で、世界そのものに内在する原理として「道徳」を捉えようとする傾向は、論者の立場によって具体的な規定は異なるとはいえ、スコットランド学派の人々に共通のものであった。例えばハチスンは、「義務に関するわれわれの最初の観念は、神の意志からではなく、もっと直接的に知られるわれわれの自然＝本性の構造から推論すべき」［Hutcheson, 2f.］とした。またヒュームは、ハチスンの議論になお残る神学的な要素を批判しながら、より徹底して経験だけに基づく「共感応」の道徳秩序を構想している［cf. Hume］。そしてアダム・スミスがその立論に大きな影響を受けたケイムズのコモン・センス論も、ヒュームの徹底した経験主義に対する反論というかたちをとりながら、単純な神学への回帰ではなく、人間の自然＝本性と共感応の論理について、独自の構想を示すものであった。経験によっては証明されない超越的な根拠によって規定される「コモン・センス」という概念は、急進的な経験主義への反発を表明するものであったと同時に、「世界」に内在的な原理を示すものである限りにおいて、当時のキリスト教神学者にとって見過ごすことのできない危険を孕むものと認識されたのである。[25] スミスにおける「経済学」の成立を見るためには、そのケイムズの道徳的秩序のエコノミーの構造を、立ち入ってみておく必要がある。

一般的な善は、あまりにも崇高な対象であり、[26] あまりにもかけ離れているので、行為を突き動かすただ一つの動機となっている。たいていの場合には、それぞれの個人は、彼らが簡単に成し遂げることができるような、限定された目的を持った方が、〔全体として〕よりよく秩序づけられる。各人には各人の職務（task）が割り与えられている。そして、各人がその義務（duty）を果たすならば、一般的善は、それがあらゆる個々の行為の目的とされる場合より、はるかにうまく増進される。［Kames,A90f./B66/C64］

人はどのように行為すべきか、一般的に善と見なされるものの内実をそれぞれの行為者が直接的に知る必要はない。各人は各人なりの仕方で目的を設定して行為すればよく、そうすることによってこそ、最終的に「一般的善」とされるものの「増進」が果たされる。「一般的善」は、漠然としたまま行為の動機となっても、明確な意識のもとに行為の目的とされる必要はない。各人の意識されない行為こそがむしろ、結果として最もよく一般的善を成し遂げる、とケイムズはいうのである。

ここでケイムズがひとつの超越的な「神学」として語っている事柄[27]が、アダム・スミスの「経済学」についての考え方の下地になっていることを見る必要がある。[28] 各人がそれぞれ自らの仕事だけに専念し、「分業」と呼ばれる状態で労働することが、最も効率よく社会全体の富を拡大させる。人々の個別的な意志とは無関係に、自然＝本性の「エコノミー」の調和が果たされるというケイムズの議論の枠組みは、スミスの経済学の中核となっているのである。道徳的秩序として語られる事柄と、生産効率の最大化ということが、スミスにおいてどのように架橋されるかについては、なおこの後立ち入って検討する必要がある。だが、スミスの議論の基本的な思考の枠組みは、ケイムズの道徳論に示されている。全体についての意識を欠いた人々の行為が総体として調和するというスミスの考え方は、ケイムズの議論を下地にしているということができるのである。

ケイムズによれば、人間は「自然のエコノミー」における「自然学的な原因（physical cause）」と同様の「モラル的な原因（moral cause）」［Kames,B133/C166］によって規定されている。各人の行為は、それぞれの「自由」に委ねられているように見えるが、各人の行為の動機において、意識的に統制できない「欲望（desire）」が働いている。[29] その「欲望」は、意識されないまま、人々をして人間の「自然＝本性」に即した行為へと導くことになるだろう。人々はそうして、全体を目的としない各々の「職務」を遂行しながら、なおエコノミー全体の調和と発展へ寄与すると見なされたのである。

自らの欲望に突き動かされた行為が、各人の意識の外でエコノミー全体の調和に至るのはなぜなのか。スミスにとって必要とされたのは、ケイムズにおいて神学的な枠組みに根拠を求められた「エコノミー」の調和の問題を、経験的な仕方で記述することであった。スミスを経済学という「経験科学」の祖としてケイムズから分かつのは、「エコノミー」の調和が、神によって定められた秩序の実現などではなく、人間自身の自然＝本性に基づくものであることを示したことによるのである。だが、人々が無意識のうちに実現する「エコノミー」が、神の意志の実現ではなく、人間自身の自然＝本性に根ざすものだとすれば、それはどのようなものなのか。アダム・スミスの議論を見ることにしよう。

2　アダム・スミスにおける自然の欺瞞と共感応の経済

アダム・スミスは、自らの道徳論の基礎に「共感応」の原理をおいた。人々はみな「共感応（sympathy）」の能力を持つがゆえに、社会における道徳的秩序が保たれる。人間の「自然＝本性」として、共感応の原理をおくところから議論をはじめることは、先にみたように、スコットランド学派の思想家に共通の姿勢であった。だが、スミスはこの概念を、独自の用法で用いている。sympathyという語は一般的に、「共感」と訳されて日常的に用いられる。それは、ごく曖昧な仕方で、他者の立場へ身をおいて、その感情や心的状態を共有することを意味すると見なされる。[30]だが、スミスにおける共感応という概念は、必ずしもそのような一般的な理解に重なるものではない。確かに、スミスも多大な影響を受けているヒュームにおいて共感応は、「他人の心的傾向や心持を交感伝達（communication）によって受け取る」［Hume,2.1.11］能力を示していた。この意味での共感応であれば、実際、一般的に「共感」と語られる事柄に近いといえるかもしれない。しかしアダム・スミスは、こうしたヒュームの議論を批判的に受け止めながら、共感応には常に「適切さ（propriety）」の判断が必要とみなした。スミスによれば、共感応とは、具体的な他者の感情をそのまま共有することではなく、それが「適切さ」の観点から「是認（approbation）」されうるかによって判断されるのである。

だが共感応に適切さの判断が必要だとすれば、その判断の基準はどこに求められるのだろうか。そこには、当事者間の経験を越えた価値判断の基準が求められることになる。スミスは、そのような価値判断の基準を、まずはストア派の自然の秩序に求めている。先にみたように、ストア派の哲学者たちにとって、共感応は、それによって人を自然法に適合するように導くものであった。スミスもまた、まずはそうしたストア派の議論の枠組みに、共感応における「適切さ」の判断の根拠を求めているのである。

〔ストア派の〕賢人、すなわち、自らの情念を、彼の自然＝本性の支配の原理へと服従させている人にとっては、こうした適切さを正確に観察することが、どんな場合においても等しく容易である。……かれは自分自身を、人間の自然＝本性、および世界の偉大な精神（the great genius of human nature, and of the world）の光のもとに見る。こういってよければ、彼は、そうした神的な存在の感情の中へと入り込み、彼自身を広大で無限なシステムのうちの一つの原子や分子のようにみなすのである。その原子や分子は、全体の便宜に応じて配

剤（dispose）されるべきものなのだ。［Smith:TMS,VII.ii.1.20&23：傍点は引用者］

自然のエコノミーの中に調和する「賢人」は、自らの「自然＝本性」に基づいて、どのような行為が「適切」であるかどうかを正確に判断することができる。スミスにおいて、「適切さ」の是認に基づいてなされる「共感応」の基準は、「人間の自然＝本性、および世界の偉大な精神の光のもとに」明らかにされるといわれるのである。

だが、すでにヒュームの徹底した経験主義の洗礼を受けているアダム・スミスにとって、共感応の是認の基準は、単に「形而上学」的な思考の枠組みに求めて済まされる問題ではなかった。アダム・スミスは、神を唯一の原理とした[31]「人間の自然＝本性、および世界」の調和を語る一方で、「道徳感情」に基づくエコノミーの調和を、経験的な事象に即して記述しようと試みている[32]。

どのような行為が「適切」なのか。その判断は、時に外部から見て奇妙なものであったとしても、限界ある人間の「自然＝本性」に基づいた内的な必然から導き出される限りで「適切」と見なされることがある。例えば人は、雑然と椅子が配置された部屋に帰ってきたとき、無造作に置かれているひとつの椅子に座って身体を休める快を得るよりもむしろ、しばしば、整然と椅子を片づける労をあえて執った後、椅子に座って休むという、最前の快とほとんど変わらないものを得ようとする［cf.Smith:TMS,IV.1.4］。スミスはこうした具体例を用いながら、人間がその自然＝本性においてもつ道徳感情の基礎を示そうとする。片づけるという行為は、端的に「快」を得るということだけで考えるならば余計なことのようにみえるが、しかし、その行為自体に内的な意味があるとスミスはいう。スミスによれば、このときの彼の行為は、片づけ終わった後の部屋の有用性を目指しているよりもむしろ、片づけること自体を目的としている。「片づける」という行為は、単に「片づける」ということだけに付随する「適切さ」の感覚を人々に抱かせるのである。秩序が完成された後の便宜を目的とするのではなく、秩序が完成される過程自体にともなう効用が、ここでの彼の行為の動機であり、その行為に「適切さ」の基準を与えるものになっているとスミスはいうのだ。

このように、人々の行為が、行為自身に内在する「適切さ」の基準によって「是認」されるという構造が、「エコノミー」の調和をもたらすとスミスはいう。スミスによれば、「富と名声」への想像力を介した共感応は、人々をして、必ずしも報われることはない「立身出世」へと駆り立てるとされる［cf.Smith:TMS,IV.1.7］。「名声のある人々が置かれている立場について、われわれの想像力が描きがちな欺瞞的な色彩（delusive colours）において眺めるとき、ほとんどそれは、完全で幸福な状態についての抽象化されたイデアのように思われる。そうした状態こそ、われわれが、白昼の夢や徒然なる夢想のうちに、自分たちに対して、われわれのあらゆる欲望の最終的な対象（final object of all our desires）として思い描くものなのである」［Smith:TMS,I.iii.2.2］。だが、「富と名声を獲得すること」によって得られる快楽は、それを獲得するために必要とされる膨大な苦労に本当に見合うものではない。馬で往来を往き来し、暖かな部屋で安らう快楽は、彼が全人生をかけ、あらゆる種類の努力を厭わずに払われる労苦に比べれば、ほとんど取るに足りないものである［cf.Smith:TMS,IV.1.8］。だが、ここでも同様に人は、そうした獲得に向けた努力の過程、前進すること自体に伴う「効用」を、「われわれの想像のなかで、秩序、規則的で調和的なシステムの運動、機構あるいはエコノミーと混同する」［Smith:TMS,IV.1.9］。それは確かに「欺瞞」ではあるが、それが「われわれの想像のなかで」、「エコノミー」をなしていると見なされる限りにおいて、その「効用」が認められるのである。「それ〔前進すること自体に伴う効用〕が生じるのは、そうしたエコノミーによる。このような複合的な観点から見た場合、富と名声の快楽はわれわれの想像力を刺激し、何か偉大で美しく高貴なものとして映し出され、その達成は、投じられる労苦と懸念のすべてに十分に値するものであるように思われる」［ibid.］。社会から切り離された「哲学者の視点」から見れば、「欺瞞」とも見なされる[33]「効用」は、しかし、その内的な「エコノミー」において捉えられる限り、人々に「適切さ」の感情を与える。「立身出世」へと駆り立てられた彼の行為は、外部的な視点から見て奇妙と思われたとしても、内在的な「エコノミー」の調和のうちに、「適切」と判断されるとスミスはいうのである。

こうしたスミスの議論によって成し遂げられているものが、ケイムズにおいて神学の枠組みに訴えて語られていたエコノミーの調和の「経験化」であることを、もう一度確認しておく必要がある。人は自らの「欲望」に導かれることで、構造内的に「自然」なエコノミーのうちに調和する。そこでの彼の行為は、全体的な意味や目的を意識したものである必要はない。彼の行為が、「欺瞞」的なものによって導かれているかどうか、外部的な視点によって判断されることはない。「エコノミー」全体の調和は、むしろ、人々の行為がそれぞれ「限定された目的」によって導かれている方が、よりよく実現されるのである。

そこではまた、人々の行為の「道徳的」な「適切さ」は、構造内的な視点からのみ判断されることになる。ケイムズも含めて神学的な枠組みによって「エコノミー」の調和を語るならば、そこでは必然的に、構造に対して外的な「超越的視点」が導入される。人々の行為の「適切さ」が人々の経験自体に即して判断されるのではなく、宗教的な超越性によってはかられるとすれば、そのような基準がいかなる意味で妥当するのかが問われることになるだろう。ケイムズにおいてなお神学的な枠組みに依拠して語られていた「エコノミー」の調和は、スミスにおいて、「経験的」に語られることになる。ケイムズにおいて語られていた、無意識の「欲望」による道徳的な秩序の実現は、スミスにおいて、「富と名声」を「われわれのあらゆる欲望の最終的な対象」とするエコノミーとして規定される。人々の「自由」な行為は、「富と名声の獲得」という「欲望」に導かれることで、意識されないままに、ひとつの「エコノミー」へと調和する。構造内的な必然性において「是認」される共感応の秩序は、こうして、人間の自然＝本性に即して、「予め配慮された知＝摂理」へと合致することになるのである。

「自然の欺瞞」としてのエコノミー

だが、このように経験的な事象として語られるスミスの「エコノミー」が、「欺瞞」として位置づけられることをどのように評価すべきだろうか。スミスによれば、こうしたエコノミーの機構は、人々を欺くものであるからこそ人類の発展の原理たりうるとされる。

> 自然＝本性が、このような仕方でわれわれを欺き、労苦を課すこと（impose）は、よいことである。こうした欺瞞によって、人類の勤労＝産業（industry）が掻き立てられ、連続的な運動のうちに保持されるのである。この自然の欺瞞こそが、人々をして大地を耕すことを促し、家屋を建設し、都市と公共財を創り出し、人間の生活を高貴で美しいものとする、あらゆる科学と技術を発展させたのだ。……かれらは見えざる手（invisible hand）に導かれて、大地がそのすべての住民のあいだで平等な部分に分割されていた場合になされただろうのとほぼ同一の、生活必需品の分配を行い、そうして、それを意図することなく、それを知ることなしに、社会の利益をおしすすめ、種の増殖に対する手段を提供する。
> [Smith:TMS,IV.1.10：傍点は引用者]

われわれの内なる「自然」が、われわれを欺き続けるからこそ、社会における「産業」が発展する。「富と名声のイデア」によって人々の「欲望」が喚起され、人々の行為を導くからこそ、

「人類の勤労＝産業」が成立するとアダム・スミスはいうのである。

おそらくスミスはここで、愚かにも欺かれる人々の外部に、「哲学者」として自らを位置づけているわけではない。欺かれることは、それ自体が人間の「自然＝本性」なのであり、人間というものは、全体を見通すことはできない限定された存在である。スミスの語りは、限界をもつ人間の自然＝本性の構造を記述したものと捉えることができる。

だが、そうして、「欺瞞」という語が含む文飾としての強度を差し引いて理解できたとしても、事柄の構造として、構造内的に規定される「適切性」が、実際どこまで「適切」なものでありうるのかという問題は残される。スミスはここで、初期の「天文学史」において、星辰の自然学的な秩序を表現するために用いていた「見えざる手」という表現[34]を、構造内的に規定される道徳のエコノミーの特徴を記述するものとして用いているが、ストア派の枠組みに依拠して語り得た「真‐善‐美」の一致を、同じように、構造内的に規定される必然性のうちに期待することはできないだろう。「富と名声のイデア」によって欺かれた人々の行為が、そのまま倫理的に妥当するものかという問いは残されるのである。

実際、アダム・スミスは、「富と名声」を持つ者が、社会の「流行（fashion）」を扇動し［cf. Smith:TMS,V.1.3 and I.iii.3.7］、時間と共に移ろう「流行」をあたかも普遍的価値であるかのように追い求める人々の「エコノミー」の構造を示している［cf. Smith:TMS,V.1.4］。「富と名声」の獲得を「われわれのあらゆる欲望の最終的な対象」とする「エコノミー」においては、共感応の「適切さ」の基準は、扇動的で操作可能な「流行」へと譲り渡される可能性を持つことになるのである。『国富論』における「経済学」的分析へと直接的につながる、こうした論点に対して、スミス自身は、晩年に至るまで両価的な態度を取り続けた。『道徳感情論』の第六版でなされた大幅な変更においてスミスは、右の議論をそのままに残しながらも、他方で「富と名声」を追い求めることの「道徳的腐敗」を強く糾弾するくだりを付け加えている［cf.Smith:TMS,I.iii.3.1］。ストア派の哲学への参照を増やし、「徳」に基づく自然のエコノミーを高く称賛することも、第六版において際だって顕著な特徴といえるだろう。[35]だが、スミス自身の判定とは無関係に、「経済学」へと展開されたスミスの思想は、幅広い層に受け入れられ、「経済学の父」へとスミスを押し上げていった。形而上学的な根拠においてのみ語られていた「エコノミー」の構造を経験化し、「自然の欺瞞」にもとづく発展の秩序を示しえたことにおいて、スミスの議論は、その後の「経済」の記述の規範とみなされたのである。

＊

「経済とは何か」。本章では、今日経済と呼ばれているものの構造を分析するための導入として、「経済」という概念が用いられてきた歴史を辿ってきた。そこで明らかになったのは、単なる商取引が、総体として「経済」と語られるために、それらが一定の体系として秩序づけられること、そしてその秩序のあり方は、事柄の自然＝本性に即したものと見なされることであった。「経済」として語られる事柄の内実は、しかし、物事の自然＝本性が、どのようなものと見なされるかに関係して、すなわち、その時代における思考の枠組みとの関係において規定される。世界を「家」とし、理性による世界の統治を語るストア派において「経済」とは、「宇宙精神」による「摂理」にほかならなかった。また、キリストを「ロゴス」とした神による救済を語るキリスト教において「経済」は、神の計画の実現を意味した。同様に、天上の自然を地上の自然と統合した近代の「自然学」において「経済」は、自然がそれ自身においてもつ秩序と見なされたのである。

だとすれば、今日のわれわれが「経済」と呼ぶものは、どのような物事のあり方を「自然」と見なす考え方に依拠しているのだろうか。「経済」という概念が、その時々の思考の枠組みとの関係において規定されるものだとすれば、今日のわれわれが「無意識」のうちに用いている「経済」概念の思想的な前提が問い直されることになる。「経済とは何か」という問いは、こうして、今日の人々が意識の外に前提とする構造についての問いへと送り返されることになるのである。

次章では、経済学へと結実していくアダム・スミスの思考の過程と、今日に至るまでの「経済学」の発展の歴史を辿りながら、そこで前提とされる「エコノミー」の構造を探っていくことにしよう。

第二章　経済学の「エコノミー」

前章においてわれわれは、「経済」という概念が用いられる際、意識されないままに前提とされる構造を確認した。「経済」とは、ある特定の考え方の枠組みに基づいた体系的秩序を意味するものであり、すでにそこに参与している者にとっては極めて「自然」なものでありながら、人々の意識の外で、一定の思考の枠組みを規定するものだったのである。

だが、「経済」という概念の歴史的な使用が、常にそのようなものであったからといって、現にいま現在のわれわれが与している「経済」が、直ちに同じ構造をもつと見なすことはできないだろう。少なくとも意識の上では、今日「経済」と呼ばれるものは、「科学」としての経済学がその探求の対象とするような、ある独立した経験的な領域を指し示していると見なされる。経済現象と呼ばれるものは、特定の「思想」を反映したものではなく、客観的な知の対象と見なされるのである。だが、本当にそうであろうか。本章では、経済学の発展の歴史を辿りながら、そこで前提とされる「エコノミー」のあり方を見ていくことにしたい。

第一節　古典派経済学のエコノミー

1　分業と交換のための「確信」

すでに見たようにアダム・スミスは、彼の道徳論において、「富と名声のイデア」が人々の「欲望」を動機づけ、外部的な視点からは「欺瞞」と見なされうるような行為に人々を導く「エコノミー」の構造を示していた。各人の「欲望」は、人々の意識の外で行為を道徳的なエコノミーの調和へと導く。その構造は、スミスの企図によれば、そのまま「経済学」と呼ばれる領域を説明するものと見なされた。「経済学」は、共感応を原理とした法の体系の一部として構想されていたのである。

だが、独立した著作として「経済」の論理を展開した『国富論』[36]は、実際、どの点において道徳論の議論の枠組みを継承しているのだろうか。『国富論』において、産業の発展の基礎とされたのは、道徳的な共感応でも自然の欺瞞でもなく、「分業」と「交換」の概念であった。「経済」が発展するための具体的な方策を示したことで、今日に至るまでの体系的経済学の基礎となった『国富論』は、どのような「経済」を示しているのか、立ち入って検討することにしよう。

ひとつの糸針を作るためには、非常に多くの工程とそれに応じた技術が必要だが、ひとりの職人がそのすべてに習熟するには、長い時間が必要となる。素材を適切な大きさに引き延ばし、研磨して針先を鋭いものにした後、糸を通すための穴を巧妙にあけなければ、糸針はできない。その技術は、相応の習得の時間を要するものとして、職人の間で受け継がれた。だが、この工程を分解し、ある者は鍛冶だけを、ある者は研磨だけ、そしてまたある者は穿孔だけを担当するようにすれば、技術習得に関わる時間的コストを削減する（ひいては、ひとりの職人に支払う労働賃金を引き下げる）ことができるだけでなく、日あたりの生産量もまた顕著に増加させることができるだろう。同じ作業の単純な繰り返しは、工程を繰ってひとつの糸針を作ることに比べて、それぞれの作業に職人の身体を同期させるために必要な冗長性を排除する。職人における他の行為可能性があらかじめ切り詰められることで、生産に関わる効率は、飛躍的に向上するとアダム・スミスは指摘したのである。そのことを可能にする「経済」とは、しかし、どのようなものだろうか。

この分業は、〔個々の労働の生産性を上げ、時間を節約し、機械化を促進して、産業全体を促進するという〕かくも多くの利点をもつものであるが、それはもともと、それによって〔社会〕一般の富裕が獲得されることを予見し意図した、誰かの知恵によって生まれてきたものではない。分業というものは、そうした広い範囲の有用性には無頓着な、人間的自然＝本性のある性向、すなわち、ある物を他の物と取引し、交易し、交換しようとする性向の、緩慢で漸進的ではあるが、必然的な帰結なのである。[Smith:WN,I.ii.1]

アダム・スミスはここで、分業の成立の基礎に、人間がその自然＝本性においてもつ「交換」の性向をおいている。かくも目覚ましい生産効率の上昇を見込める分業が機能するために、「人々は交換する」という事実が必要だとアダム・スミスはいうのである。このことはつまり、裏を返せば、人間が「交換」の性向をもたなければ、分業は成立しないということを意味する。

人がもし、「自分自身の労働の生産物のうち、自分の消費を越える余剰部分を、彼が必要とするような、他人の労働の生産物の一部と交換できると確信（certainty）」できるならば、「すべての人は、特定の職業に専念するように促される」［Smith:WN,I.ii.3（強調は引用者）］。だが、交換することが、スミスのいうような「すべての人間に共通の性向（propensity）」［Smith:WN,I.ii.2］でないとすれば、分業の成立は保証されない。各人がそれぞれの職業に専門特化し、社会全体の生産性を向上させることができるのは、「人間はその自然＝本性において交換する存在である」ことが、「経済」における自然＝本性として人々に「確信」されているからなのである。

アダム・スミスの「エコノミー」

アダム・スミスのこうした分業論が、ケイムズの影響下に示された『道徳感情論』における「見えざる手」の議論の枠組みを共有していることを、もう一度確認しておこう。ケイムズによれば、それぞれの人々は、全体的な目的を意識することなく、単に各人の「欲望」に導かれることで、自然＝本性に即した道徳の秩序を実現するとされた。社会全体の利益を目指してなされる行為よりも、それぞれの「欲望」に従った個々人の行動が、結果として全体的な調和を生みだすといわれたのである。スミスはここで、「交換」の性向を人間の自然＝本性と見なし、それぞれに独立してなされる「分業」の原理を導入することで、エコノミーの調和と発展を描き出そうとしている。各人がそれぞれに与えられた仕事をなすことで、全体の目的を意識することなく、「経済」の調和と発展が果たされるとスミスはいうのである。

ケイムズが神学の枠組みに準拠して語っていた事柄は、こうした『国富論』におけるスミスの議論において完全に世俗化されているように見える。分業による産業発展の論理は、特定の思考の枠組みを前提にせず、「経済」と呼ばれるべき構造の特性を客観的な仕方で記述するもののように思われる。そうした観点からすれば、スミスの議論の「神学的出自」をいかに批判したところで、「経験科学」として見出されるスミスの理論の妥当性を覆すことはできないことになる。

だが、事柄はそう単純ではない。右にみたように、分業が成立するためには、人々が「自分自身の労働の生産物のうち、自分の消費を越える余剰部分を、彼が必要とするような、他人の労働の生産物の一部と交換できると確信」できる必要があった。[37] 労働者が彼に与えられた仕事に没頭するとして、自らの労働の生産物を必要なものと交換できる見通しが不透明ならば、そのまま何も考えず仕事を続けることはできない。糸針工場の例でいえば、労働者たちが、右から左へ流れていくものに専門特化した単純作業を施し続けられるのは、糸針の生産される工程の全体について意識をもたず、自分がなしている工程の「価値」に大きな疑いをもたない限りにおいてである。例えば単に「研磨する」という工程を施されたものは、未だひとつの商品にさえなっていないものであるが、そのものが次の工程に対してもつ価値が前提にされていなければ、彼はその単純作業を粛々と続けることはできない。これがひとりの職人がすべての工程を担っていた場合であれば、彼は自らの仕事の「価値」を、少なくとも自身の主観的な基準によっては認めることができただろう。そこでは「価値」は、労働者の手元で実感されうるものであった。しかし、そうした価値を実感しうる生産を離れて、分業が成立するためには、労働者は、必ずしも主観的にみとめられない価値を、他者との交換に供しうるものとして「確信」できている必要がある。自らの手元で実感しうる価値（すなわち、「使用価値」）を離れて、過剰に生産される「余剰部分」が、なお人々の交換において価値を見出せると「確信」できることが、分業を成立させる用件となっているのである。

使用価値を実感できる範囲を超えた生産物が、なお他者との関係において交換価値をもつと「信」じられるのはなぜなのか。こうした問いは、あるいは、すべてのものがすでに「経済」の枠組みの中に位置づけられる今日の視角からすれば、極めて「自然」な事柄を、あえて疑ってかかるもののように思われるかもしれない。ひとは現に自らが必要とするものを他者との交換によって賄っているのであり、スミスのいう「交換の性向」は、現に人間の自然＝本性と見なされる。現在の思考の枠組みにおいて、「自然」とみなされるものをあえて問い直すことには、何の意味もないように思われるのである。

だが、少し考えれば明らかであるが、アダム・スミスが語る「交換の性向」は、必ずしも自明なものではない。スミスのいう分業が成立するために人々は、全体についての意識を欠いたまま、必ずしも自らの手元において実感されない価値を「確信」する必要があるが、限られた視野において、しかも自ら使用価値として実感しえないものが、なぜ人々との交換に供しうると「信」じられるのだろうか。人々はそこで、論理的には不確かなはずの事柄を、他者も同様に「確信」しているということだけを根拠に「確信」していると考えることができるのである。

実際、歴史を振り返って見る限り、交換についての確信は、少なくともスミスの時代にあっては決して自明なものではなかった。スミス自身が認めているように、大きな市場（market）が形成されていない状況においては、分業は制限される［cf.Smith:WN,I.iii］。そして、当時の「経済」の規模は、今日に比して実際に極めて限定されたものであった。十分に「市場」が拡大していない状況においては、手元の使用価値を超える「余剰部分」は、十分な販路の確保を期待することができない。人々の「交換の性向」は、スミスの時代においては、事実として認められるものではなく、単にひとつの可能な理念として措定されるものだったのである。

だが、こうして理念として設定された交換の原理は、その後、「正統」な経済学が確立する過程において、支配的な地位を持つことになる。そこでは、「経済」に参入する者は誰でも、あらかじめ「交換についての確信」をもたなければならないとされた。次に見る「セイの法則」と呼ばれる古典派経済学の原理は、まさにそのような「信」を人々に問うものであったのである。そこでは、生産における「余剰部分」は、在庫として抱えられることなく無条件に交換されると「信」じられる必要があった。スミスの経済学を「体系化」させたといわれる古典派経済学における「エコノミー」の構造を見ることにしよう。

2　セイの法則という理念

古典派経済学を体系的に完成させたと見なされるリカードは、『経済学および課税の原理』の序言において、『経済学』の第一部第一五章でジャン＝バティスト・セイが展開した「販路について」の議論を称賛し、スミス経済学の正統な展開として位置づけた。「セイ氏こそは、大陸の著者の中で、スミスの原理を正当に評価しかつ適用した最初の人、若しくは最初の人々の一人である」といいながらリカードは、「販路について」に展開されたセイの議論こそが、スミスの経済学を正当に受け継ぐものとする。リカードは、「セイよりも一層セイの法則に忠実な経済学者」[38]として古典派経済学の体系化をすすめたのである。

セイの法則は、「供給は、それ自身において需要を見出す」という定式に要約される。そこには、供給量の過多は商品価格の低下をもたらし、最終的には供給に見合う需要が獲得されるという価格調整のメカニズムが一部含意されているが、その点にセイの法則の本質があるわけではない。セイの法則が需給バランスの構造を記述するものであるならば、売り先を見出せずに積み上げられた商品が捨て値で取引される事態もセイの法則の実現と見なされるはずであろう。だが、セイの法則においては、そのような状態は「経済」における非本来的な出来事とみなされる。セイの法則は、市場に出される商品はすべて、生産された時点においてすでにその売り先が確保されたと考えてよいと主張するものであり、生産された商品が需要のあり方によってはほとんど無価値になりうることを想定するものではないのである。

だが、セイの法則が、需給法則によって説明されるものではないとすれば、「生産された時点で販路が確保される」という、一見して不合理にも見える（なぜなら、商品が売れ残ることは実際に経験的に観察できることなのであるから）主張は、どのような理路で成立するものなのだろうか。セイ自身のテクストに従って、その論理を辿ることにしよう。セイの法則を語る際、セイが問題にしていたのは、まずは貨幣自体を価値と見なす人々の幻想であった。

商人は普通、「『自分の商品を交換することで欲しいものは貨幣（l'argent）であり、他の商品ではない』という」[Say,247]。だが、セイによれば、この至極一般的に見える見解は正しくない。なぜなら、「そもそも、あなたが貨幣を欲するのは何故なのか。あなたの産業＝勤勉（industrie）に必要な原料、あるいは、あなたの口に糊する食糧を買うためではないだろうか。あなたが必要としているのは貨幣ではなく、生産物であることをよく理解すべきだ」[Say,247]からである。だとすれば、「『〔人々の所持する〕貨幣が少ないから、物が売れない』というのは、手段を原因と取り違えていることになる」[Say,247]だろう。物が売れないのはむしろ、他の産業においてその商品を買うに十分な生産が行われていないためであると考えるべきである。様々な生産物の販路は、他の産業が多くの物を生産するようになりさえすれば、自然と開拓されていくはずだとセイは主張するのである。つまり、「貨幣が少ないから物が売れないというべきではなく、他の生産物が少ないから物が売れないというべきなのだ」［Say,248］。

どんな国でも、生産者の数が多ければ多いほど、販路を見出すことはますます容易となり、売却先は多様となって、その範囲を広げることになる。多くの生産がなされるところに、ひとが唯一それによって購買するところの実体（substance）、すなわち、価値（*valeur*）と呼ぶべきものが創られる。貨幣は、この二重の交換において単に過渡的な役割を担うにすぎず、交換が終わってしまえば、生産物に対する支払いが生産物によってなされたことを人は常に発見するのだ。生産を完了した生産物は、まさにその瞬間に（*dès cet instant*）、その価値の全額だけ、他の生産物に対する販路を提供するのである。［Say,249f.：強調はすべてセイ］

こうして「生産は、それ自身によって販路を提供する」というセイの法則が定式化される。自らの生産物を売って手に入れた貨幣が、単に他の生産物を購入するための手段であるにすぎないとするならば、ひとはみな、自分が生産した分だけの「価値」を、すでに生産と同時に手にしていることになる。「分業」によって生産された物は、いまだ販路を見出さない状態にあってなお、「経済」の体系の唯一の「実体」として、すでに「価値」をもっていると見なされるのである。もしそのような法則が成立するとすれば、自らの労働によって作られた「価値」は、その者がそこに「使用価値」を認めうる範囲を超えた量に及ぶとしても、将来における人々の間の交換に不安をおぼえる必要はないだろう。自らの生産物として手にされた価値は、すでに「唯一の実体」として共有されている。すでに価値が共有されているならば、それが実際にどのような商品の形態をとって彼の前に現れているかということは、体系的な経済全体からみる限り二次的な問題にすぎないことになるのである。

セイの法則によって描かれる青写真が実現するために必要なことといえば、だとすれば、あとは十分に大きい市場が成立し、人々の間の交換が滞ることなく行われることだけである。潜在的には、生産された時点においてすでに確保されていた販路が、現実化するために必要なことは、すべての人がこの法則によって描かれる理想的な「経済」の現実性を「確信」し、十分に大きい規模をもつ「経済」が実際に成立することだけとなるのである。

だとすれば、自らの生産物の価値が本当にそのような「唯一の実体」に与するものかどうか人がなお逡巡し、専門化された仕事に没頭することに迷いを生じるようなことがあれば、それは「経済」全体の発展を阻害する以外に何の利益もないことになる。「唯一の実体」としての価値を共有し、その間で滞りのない「交換」を行うためには、そうした共有を疑わないことこそが重要となる。市場が統合され、人々が同じひとつの「経済」に参与することが、理念として設定されること自体を現実化するのである。積極的に市場を拡大し、すべての商取引が「経済」の体系のうちに位置づけることによって、「経済」に参与する人々の間の無条件的な交換は、そのシステムにおける「自然」となるのだ。

このようなかたちで展開されるセイの法則の議論が、アダム・スミスが人間の「自然」として設定した「交換」の原理の延長線上にあることは、もはやあらためて指摘する必要はないだろう。アダム・スミスにおいて、人間は、その自然＝本性において「交換」するものであると見なされた。「自分自身の労働の生産物のうち、自分の消費を越える余剰部分を、彼が必要とするような、他人の労働の生産物の一部と交換できると確信」できるからこそ、ひとは、専門化された自らの労働に没頭することができるとされたのである。「経済」が発展するためには、人々は「唯一の実体」としての価値を共有し、自らの労働による生産物が売れるかどうかを思い煩ってはならないとするセイの法則は、スミスにおいて語られていた「交換」の性向を、「経済」の原理にまで高めるものとなっている。ひとは、同じ「経済」の体系のうちで労働する限りにおいて、エコノミー全体についての意識を欠いたままに、同じ価値の実体の中に調和することを約束される。セイの法則は、その原理を信じて「経済」を拡張することが、そこで約束されたオイコノミアの実現のために必要なことだと説くのである。

現実を理念に合わせること——古典派経済学の「異端論駁」

だが、このような人々の「確信」を基礎に成立する古典派経済学の「エコノミー」が、どれほど人々の現実に適うものであったかという問題は、別に立てられる。人々が互いに「確信」し合うことで、セイの法則で約束されたことが実現しうるとしても、そうして実現した秩序が、

「確信」の外側におかれた現実に合致していたかどうかは問題として残る。すべての商品は生産された時点ですでに販路を獲得していると見なすセイの法則は、人々の「信」によってその約束を実現しうるとしても、過剰生産による不況という現実に直面せざるを得ないように思われるのである。

実際、容易に想像されるように、生産物の販路を確保するために、さらに生産を増やさなければならないという論理は、生産過多による価値の暴落や総需要の不足による不況の可能性をまったく無視しているように見える。人々が生活のために必要とするものの量には一定の限界があり、そのような必要を越えて生産だけが過剰に増加しても、人々が不必要なものまですすんで購入することはない。生産されたものは即価値であると見なすセイの法則は、その「経済」が一定規模まで拡張した後には、総需要の壁の前に通用しないものであるように思われるのである。

よく知られるように、古典派経済学の無際限な「経済」の拡張の論理の裏に引き起こされる不況の存在を認め、「有効需要」という概念で「経済」の構造を捉え直す契機が、経済学の歴史の中で熟すには、ケインズに至るまで約一世紀のあいだ待たなければならなかった。次節において詳しく見るように、近代経済学の「革命」は、セイの法則の「確信」に基づく「経済」の構造を批判するものであった。だが、当時のすべての経済学者がリカード＝セイが示した楽観的な見通しに賛同していたわけではない。「〔リカードに代表される〕イギリスのアダム・スミス学派の人々は、〔アダム・スミスが経験に依拠しようとしていたこととは〕反対に、われわれに観察の足場を絶対的に失わせる抽象の中へと飛び込んだ」[Sismondi,58/82]といいながらシスモンディは、生産過多の現象を指摘して、「セイの法則」を批判していた。「生産を無際限に増大させることによってのみ、販路をも無際限に拡大させるものと考える教説」[Sismondi,316/266]について、シスモンディは、いかなる経験的観察にも基づかない理念的抽象にすぎないと批判する。政府は、こうした古典派経済学の理念的熱狂に与するのではなく、「むしろ、盲目的熱情を抑制するように見守」[Sismondi,317/267]らなくてはならない。議員として国政の中枢で「経済」政策を推し進める隣国のリカードを眺めつつシスモンディは、急進的拡張の陰に広がる貧困の拡大に警鐘を鳴らしたのである。

だが、このようなシスモンディの主張は、経済学において「異端」[39]とされ、正統派経済学の理論に組み込まれることはなかった。「アダム・スミス学派」の面々は、むしろ、シスモンディの主張を「経済」についての体系的な認識を欠いた限局的な見解として一蹴し、あくまでセイの法則への「信」を要求し続けたのである。

> ド・シスモンディ氏は、私が本章〔販路について〕および第二篇の最初の三章で打ち立てた原則をよく理解しておられないらしく、人が生産過多に陥る可能性を、イギリスが大量の手工業生産物を外国市場にもつことによって例証している。しかし、こうした生産過多の例は、単にイギリスの商品が過剰となっている場所では、いまだ生産が不十分であるこ

とを示すにすぎない。もしブラジルで、かの地に送られるイギリス商品を買うに十分な生産が行われれば、イギリスの商品がブラジルで停滞することはないだろう。[Say,253]

セイによれば、ブラジルにおいて商品が売れ残って積み上げられるのは、ブラジルの産業＝勤勉（industry）が十分な水準にまで達していないからである。セイはこうして、セイの法則の原則論を繰り返し、シスモンディの「無理解」を嗤う。セイの法則を理解し、そこに描かれる未来を共有できていれば、シスモンディの議論は「経済」に対する体系的な認識を欠いた、場当たり的な批判でしかない。現実における生産過多の現象を言い立てることは、実現すべき未来へと至る過程の摩擦を不当に強調することでしかないという態度を、セイは取り続けるのである。

ここで重要なのは、セイがいうことは全く正しく、実際、ブラジルにおける「生産」が十分に行われれば、生産過多の現象が解消されるという点である。ブラジル現地の人々の間には地域ごとに限定された物の遣り取りがすでに行われているはずであるが、地域に根ざした彼らの営みは、そのままでは、イギリスの生産物を購入するに至らない。彼らの営みは、いまだ「経済」において交換可能な「価値」を「生産」するものではないのである。彼らの生産が、「経済」における「唯一の実体」としての「価値」を共有するためには、それゆえ、現地の限定された商取引を個別的に行うことから離れて、それらを「経済」の体系に組み入れる必要がある。彼らの営みが「経済」における「価値」を十分に生産するものとなるならば、そこでは、現在売れ残っているイギリスの商品に実際に販路が見出されるのである。

セイの法則は、ここでも、その原理を信じて疑わず、「経済」と呼ばれるべき体系を拡張し続けること自体を、成立のための条件としている。ブラジルの人々の営みが西欧諸国の「経済」に商品を提供しうるものとして組み込まれ、全体についての漠然とした「信」のもとに、分化された単純労働に彼らの行為が収斂されていくことで、実際に「経済」が拡張され、「生産過多」が解消される。例えば、プランテーションによる大規模な生産やモノカルチャー経済といったかたちで現実化するセイの法則の論理は、植民地諸国を独立した生産システムから引き離し、すべての物事の「自然」なあり方を、同じひとつの「経済」の中に統合するのである。

セイの法則が現に成立するためには、その論理の道行きに立ち現れる様々な「弊害」に決して立ち止まらないことこそが、まさに必要となる。「経済」発展の裏で展開する貧困の拡大や不況の可能性を指摘するシスモンディの論理を認めるならば、まさにそのことによって、セイの法則が約束する「経済」の実現が危うくなる。生産による弊害を認めて、さらなる生産の拡大を控えることとは、セイの法則を無効にする危険をもつのである。

だが、古典派経済学のエコノミーが、このような論理によって人々を巻き込み、「経済」の拡大についての「確信」を維持することには、自ずと限界がある。産業革命の流れの中で急速に生産性が高まり、鉄道の敷設が隔たった土地を同じ「経済」の中に掌握した一九世紀中葉までの状況であれば確かに、人々の経済成長に関する「確信」を維持することは容易であったかもしれない。不況の現出や貧困層の拡大といった「経済」の不具合は、そこでは、将来に実現すべき「経済」の過程として認識されえたのである。だが、植民地を巻き込んで展開される先進諸国の「経済」の拡大は、やがて様々な「矛盾」に目をつむることができなくなる。現実の歴史過程をひとつの論理の結果と見ることの暴力性は別に問題となるものの、「経済」の拡大の論理が、飽和する市場のなかで先進諸国を必然的に植民地争奪戦へと駆り立てたとするレーニンの歴史認識は、古典派経済学の論理の枠組みにそって考える限り、一定の妥当性を持ちえたものと考えることができる。古典派経済学の「経済」を分析する限り、無際限な生産の増加によるシステム自体の破綻の可能性は、少なくとも当時の状況においては、容易に現実化しうるものと見なされたのである。

しかしながら、古典派経済学の「経済」における破綻の可能性は、レーニンの時代、すでに経済学の内部においても問題とされていた。「唯一の実体」としての価値の体系を拡大させる古典派経済学の論理の破綻の可能性は、マルクスやレーニンといった思想家によって根底から批判を受けると同時に、近代経済学へと至る経済学の徹底的な改革の起点ともなったのである。

すでに見たように、古典派経済学は、（1）人々の間に無条件的な交換がなされること、そして（2）誰も貨幣それ自体を欲望しないことを「経済」の成立条件としていた。セイの法則が成立するためには、生産物はそれ自体において唯一の実体としての価値をもち、貨幣は単なる交換の潤滑油としての機能を果たすにすぎないと見なされる必要があったのだ。だが、この前提は、二つながら、近代経済学の発展の中で覆されることになる。すなわち、（1）の前提については、いわゆる「限界革命」と呼ばれる経済学の革新が、（2）については「ケインズ革命」が、それぞれ異なった文脈で、エコノミーと呼ばれるものの体系を刷新したのである。今日のわれわれが参与する「経済」とは、どのようなものなのか。次節では「近代経済学」と総称される経済学において果たされた「革命」の内実を見ていくことにしよう。

第二節　近代経済学の「革命」

1　限界革命

「交換の喜びはすべての人間に共通しているが、ほかのどんな動物にも見出されないことは確実である」と、この卓越した思想家〔アダム・スミス〕は述べている。

次のような例を考えれば、この問題は完全に解決されるだろう。すなわち、二人の隣接する農夫が、豊作の後に同じ大麦について大量の余剰をもっていて、この大麦を交換するのに少しも障害がないことを仮定すれば、この問題は直ちに明らかとなる。この場合二人の農夫は無制限に交換の喜びにひたって、彼らの大麦のたとえば一〇〇メッツェンずつを、あるいは他の任意の数量を、互いに幾度でも交換することができる。……〔しかし、〕彼らがこうした交換を行うならば、他の経済人からまさにこうした交換の喜びのために狂っているのではないかと言われる危険に陥るだろう。〔Menger:GV,153〕

「限界革命」と総称される経済学の理論的展開を主導したひとりのカール・メンガーは、アダム・スミスにおいて人間の本性＝自然に帰された交換について、皮肉な批判を表明している。交換は、人々の間で無条件的に行われるものではなく、互いにそれを欲するときに限って行われる。限界革命において鍵となる経済学の改革を示すためにメンガーは、「交換の喜び」にふける農夫の例を出し、古典派経済学の論理を批判するのである。

人は互いにその商品を欲するからこそ交換する。交換は無条件的に成立するのではなく、人々の主観的な欲望に条件付けられているという指摘は、その命題だけ独立に取り上げられるならば、ごく当たり前のこと以上に何も示していないといえよう。人は自ら欲しないものを交換するなど考えられないのである。

だが、こうした単純な批判が、古典派経済学の論理を成立させる上で最も重要な論点のひとつを正確に射抜くものであることは、本論のこれまでの議論からも容易に理解される。ひとつの生産物の価値が、他の人々の思いなしの如何によって自在に変化するならば、もはや人々の生産は、唯一の実体としての価値の上に安らうことはできない。手元の実感を離れて生産される物の価値は、「経済」において実際に認められるものなのだろうか。古典派経済学の理論的枠組みに支えられていた約束はそこでいったん反故にされ、各人の生産物が持ちうる価値の問題は、少なくとも理論上、いちど白紙に戻されるのである。

この点は実際、少しく強調されるべき事柄であると思われる。個々の商取引がひとつの「経済」となるためには、そこに参与する人々の間で価値の実体が共有される必要があった。それぞれの人が自らの労働を専門特化させ、自らの労働による生産物の余剰部分を、自らが欲する他の商品と交換しうるためには、価値についての「確信」が必要とされたのである。だが、経済学における限界革命は、理念として「経済」の拡張を導いてきたものの無効を宣言している。古典派経済学における「経済」の発展の運動を支えてきたものは、そこで、はしごを外されて放擲されているのである。

だが、限界革命の経済学が、古典派経済学の原理を理論として批判しても、現実に統合された市場は、それとして残り続ける。古典派経済学の論理は、ある時期の人々に「確信」され、現実に「経済」を拡張したことにおいて、理論として批判を受けた後にも、その成果を残しているのである。すなわち、「経済」という体系的秩序は、古典派経済学において示されていた明確な論理を失ってなお、「経済」という名前で語られ続けることになるのだ。

だが、「経済」を「経済」と呼ぶための内的な原理が失われた後に、そこでなお個々の商取引をひとつの体系をなすものとみなすことは、なぜ可能なのだろうか。個々の生産物の交換が、人々の主観という偶然的な要素を孕むとすれば、人は自らの手元で価値を実感しえないものを生産し続けられなくなるように思われる。生産物の交換価値が、偶然的な要素を孕んで不確かとなるならば、人々の生産は、再び手元で実感しうるものに回帰するようにも思われるのである。

しかしながら、理論としての無効の宣言は、直ちに人々の現実の行為を規定しない。むしろ人は、他者が同じことを「確信」していると「確信」できるだけで、理論においては不確かなものを、現実において「確信」できるのであった。本書の冒頭、ラカンの理論によって見たのは、人々が互いに他者の確信を確信し合うことで、論理としては飛躍を含む事柄を「確信」できることであった。「唯一の実体」としての価値を共有することを基礎に成立した「経済」の体系は、その原理を失ってなお、他の人々が同じことを「確信」しているということの「確信」の上に、成立し得るのである。

実際、メンガーとならんで限界革命を主導し、今日の数量経済学の基礎を築いたワルラスの理論において、「経済」が「経済」として存在することは、単に前提とされるものであった。そこでは、それぞれの人々の営みは、ひとつの「経済」のうちに統合されることが前提とされ、疑われることはなかったのである。

だが、まさにそのような前提が、限界革命の経済学に、理論的に一貫した体系性を与えることを可能にする。ワルラスの一般均衡理論は、それぞれの人々の主観的な欲望が絡み合ってひとつの体系をなすと見ることで、偶然的な要素を孕んでいるはずの交換に、数学的に一意な定式を与えることができたのである。近代経済学において前提とされている「経済」の構造を見極めるためにも、ワルラスの論理に立ち入って検討することにしよう。

ワルラスの一般均衡理論

ワルラスによれば、人々の間の交換は無条件になされるものではなく、各人が現に所有している物の量によって変化するとされる。ある商品Aの「効用」は、すでに多くのAを所有している人にとっては少なく、Aを所有していない人にとっては大きく見積もられる。商品Aに対するある人1の「効用（r_{1A}）」は、それゆえ、その人がすでに所有している商品の量（q_{1A}）に応じた右肩下がりの関数（$\Phi_{1A}(q_{1A})$）として書かれることになる（$r_{1A} = \Phi_{1A}(q_{1A})$：これは「欲望曲線」と呼ばれる）。同じ関係は、様々な商品B、C、Dについてもまったく同様に、それぞれの$\Phi_{1B}(q_{1B})$, $\Phi_{1C}(q_{1C})$, $\Phi_{1D}(q_{1D})$という関数で記述される。

あるとき、1がAを自分で消費する以上の数を持っていたとして、それを別な商品Bと交換しようとする場面を考える。いかなる場合にそれが「交換」されるかということは、そのとき、AとBの「効用」を足したもの（$r_{1A}+r_{1B}$）を最大化しうるかどうかとして記述されることになる。すなわち、交換に供されるAおよびBの量を微量に変化させて、「効用」の増減が0になる点（つまり、導関数＝0のとき）が、AについてもBについても「満足」しながら、彼があえて交換をする臨界点となるのである。これを数式で表せば、$\Phi_{1B}(d_{1B})=p_{1B/1A}\Phi_{1A}(q_{1A}-o_{1A})$（但し、$o_{1A}$は、交換されるAの量、$d_{1B}$は交換されるBの量、$p_{1B/1A}$は、商品Aと商品Bの交換比）となるだろう。これは、「極大満足式」と呼ばれ、人々の主観に条件づけられた交換が、実際に成立するかどうかを決定する式となる。

だが、この「極大満足式」は、「人はABの二つの商品から得られる効用を最大化するように交換する」ということを数学的に表現しただけのものであり、これだけを展開して何か意味のあるものではない。しかしこれを、すべての商品へと一般化することで異なる観点を得ることができる。同じことを、すべての商品A、B、C、D、……（有限個m）に対して行えば、つごうm-1個の極大満足式を立てることができるだろう。m個の商品に対して方程式がm-1個であるのは、どれかひとつの商品（例えばA）は、$p_{IX/IA}$（XはA以外の商品）という交換比の分母におかれる必要があるからである。ひとつの商品は、常に交換の「尺度」となるため、m-1個の極大満足式しかできないのだ。ここですべての商品に対して交換の尺度となる商品が、ワルラスによって「正金（numéraire）」と呼ばれて特権化されていることに注意しておこう。[40] 詳しくは後に検討するが、「正金」とは、例えば「貨幣」のようなものであり、商品交換の体系において、すべての商品に対して交換の「尺度」となる商品として位置づけられるのである。

そうして、つごうm-1個の極大満足式が得られた後、交換者1がもっている商品の「価値」の総量が交換される前と後で増減しないという条件式を加えるならば、そこには、正味m個の方程式が与えられることになる。未知数mに対してm個の方程式があるわけだから、これらの方程式は、すべて連立して解ける。m個の未知数は、そこでは、すべて確定した値によって示されることになるのである。未知数が消去されるというのは、つまり、主観的な欲望に条件づけられた交換は、単に気まぐれに行われるのではなく、その人が持っている欲望曲線に従って、一意に決定されるということを意味する。交換は、単に偶然になされるのではなく、人々の欲望のあり方に従って決定されるというのが重要な点となっているのである。

しかしながら、こうしてm個の未知数を消去することで得られる式が意味するものは、まだそれほど大きなものではない。そこで示されるのは、これまでのところ、ある交換者1が、どの商品をどのくらい交換するかということは、すべて、商品の交換の比率によって定められる、ということだけである。いいかえればそれは、すべての交換の尺度となる商品（つまり、貨幣）を基準にとった商品の比率（すなわち「価格」）によって、人はあるものをどのくらい交換するかを決めるということを意味する。数学的表現を与えられて記述されていることは、「人が交換するかしないかはその商品の値段による」という、ある意味では極めて平凡なことでしかないのである。

だが、これをさらにすべての交換者2、3、4、……（有限n）へと拡張することで、興味深い結論が得られる。すべての交換者2、3、4、……（有限n）について1と同様の処理を行い、すべての交換者が交換を終えた直後において、すべての商品について、全体の量は減りもしなければ増えもしないと仮定すれば（生産や消費を含めた交換の式も同様に書くことができるがここでは省略する）、そこでもすべての商品の増減を足したものを0と見なすことができる。これをすべての商品について定式化すれば、さらにm-1個ほどの方程式が得られるだろう（先と同じように、m個の商品のうち、交換の尺度として用いた商品Aについては、もし方程式を欠いたとしても単なる恒等式にしかならないため、m-1個）。こうして新たに得られたm-1個の方程式を用いて、交換の「比率」として用いていたm-1個変数（$p_{M/A}$：MはB以下の商品）を連立して解けば、それらのものについても「解」が得られることになる。つまり、そこでは、すべての人々の欲望のあり方（欲望曲線）が与えられたならば、商品の「価格」が一意に定まるということを意味している。ひとつの商品を「尺度」としたすべての商品の交換の比率（つまり、「価格」）は、そこで、各人の各商品の所有の状況と、各人の欲望曲線だけに依存して一意に定められるのである。

　こうしてワルラスの一般均衡理論において交換は、主観的な欲望に条件づけられているとしても決して偶然に行われるものではないことになる。交換は無条件的になされるわけではないものの、各々の商品に対する各人の欲望がすべて示されるならば、各人の生産物がどれだけの価値をもつのか、一意に決定されるのである。交換は確かに、人がそれを欲しいと思うときだけなされる。しかし、すべての人々がすべての商品に対してどれだけ欲しいかをあらかじめ数値化しておけば、そこに供される商品がどれだけの価値をもつかということは、数学的に決定される。それぞれの労働による生産物の「価値」は、そこでは、単に人々が自らの手元で実感できる範囲に限定されることなく、他者との間で一般的な通用性をもちうることになるのである。

近代経済学における欲望の所与性について

先に見たように、「唯一の実体」を共有することを「経済」の発展の基礎とした古典派経済学の論理が破綻し、「経済」を「経済」として統合する推進力が失われた状態にあって、人々の商取引が同じひとつの体系に統合される論理的な必然性はないように思われた。自らの生産物が交換に際して持つ「価値」の不確かさは再び、手元で実感される価値への回帰をもたらすように思われたのである。

だが、ここでワルラスの理論によって示されたことは、すべての人のすべての商品に対する欲望のあり方を所与とし、それらがひとつの体系のうちにあることを前提とすれば、それだけで交換価値の不確実性の問題は消え去るということであった。すべての人々の交換がひとつの体系をなすと仮定すれば、それだけですべての商品の価格は一意に定まる。人々の欲望がどれだけ多様だとしても、それらが同じひとつの「経済」のうちに絡み合うことが前提とされることで、生産物の交換可能性が一元的に決定されるのである。

だがなぜ人々の欲望は、同じひとつの「経済」の中に統合されるのだろうか。ワルラスの理論においては、実際、人々の欲望が同じ「経済」の中で連関し合うことはあらかじめ前提とされているだけで、根拠は示されていない。人々の欲望はなぜ、同じひとつの「経済」へと統合されるのか、古典派経済学においては明示化されていた「経済」を「経済」として継続する拡張の論理は、ワルラスの一般均衡理論においては問題の外におかれているのである。

同じ問題は、異なる観点からも見出される。経済学の教科書に見られるように、古典派経済学に対する近代経済学の理論的な優位のひとつは、稀少性に基づく価値を考慮しうるという点であった。量において人々の欲望に十全に答えられない「稀少(rare)」[Walras,21/69]な商品は、人々の欲望の絡み合いにおいて、その価値を高騰させる。反対に量において過剰な商品は、実体的な価値の下支えなど無関係に、その価値を落とすことになる。古典派経済学において問題とされていた生産過多の現象は、こうして新たな理論的体系のうちに十全に記述されるのである。だが、ある物が「稀少」であるとは、実際にどのようなことを意味しているのだろうか。それが商品の量と一致しないことは明らかであろう。単にある商品の量が少ないというだけでは「稀少」とはならず、量において一定以上の大きさをもつ商品であっても、多くの人々の強い「欲望」を集めるものは「稀少」とみなされる。商品の「稀少性」は、それゆえ、商品の量を決定因とするものではなく、人々の「欲望」の強さに依存して変化するものと見なされるのである。

だがそうして、商品の価値が、ひとえに人々の欲望の強さに応じて決まるものだとすれば、人々の欲望がいかにして特定の商品へと向けられることになるのかという問題は、近代経済学においてとりわけ重要な問いとなるはずであろう。例えば、「経済全体」の発展を図るために、体系内の「価値」の総量を増やすことが問題であるならば、そこでは「価値」を下支えする人々の欲望が、どのようにして生起するかということが問われなければならないはずである。

しかし奇妙なことに、「経済」において、いかにして人々の欲望が喚起されるのかという問題は、今日に至るまで、少なくとも「主流」と目される経済学においては、一度も問われることのないままとどまっている。近代経済学において、人々の欲望を常に何らかの仕方で与えられたものと考えないことは、「異端」なことと見なされるのである。

例えば、「非主流派」を自任する経済学者のガルブレイスは、そうした事情を次のように直截に指摘する。

> 宣伝と販売術の目的は欲望をつくり出すこと、すなわちそれまで存在しなかった欲望を生じさせることであるから、自立的に決定された欲望という観念とは全然相容れない。……実業家や一般の読者は、わかりきったことを私が強調するので、とまどわれるだろう。たしかにわかりきったことだ。しかしこれは不思議なほど経済学者が反対してきたことなのである。経済学者は素人とはちがって、これらの関係の中に既存の観念をそこなうものがあることを感じていた。その結果彼らは、あらゆる経済現象のうちでも、いちばん厄介なこの近代的な欲望の造出という現象から目をそむけてきたのである。……こうしてそれ自体きまった欲望という観念は今でも生き残っている。近代宣伝術がどんなに盛んであろうとも、この観念はほとんど汚されずに教科書の中を支配しているのだ。［ガルブレイス、202ff.］

ここで引かれたガルブレイスの著作は、非常に多くの読者を獲得して読まれたものであったが、それでもなお「主流」の経済学者はこれを等閑に付した。「経済」の発展に大きく関与しているはずの欲望形成の問題に対して、近代経済学は、人々の欲望が所与であるという立場を崩さないのである。

だがなぜ、近代経済学は、「経済」が「経済」として成立するための構造を問わないのか。その点にこそ近代経済学において前提とされる「エコノミー」が認められる。その構造を明らかにするためにも、まずはもうひとりの古典派経済学の改革者、ケインズの議論を参照することにしよう。

2　流動選好とケインズ革命

先に見たように、古典派経済学において「経済」が成立するためには、貨幣自体への欲望が否定される必要があった。貨幣は、単に商品交換の媒体として用いられるだけであり、それ自体として欲望の対象にはなりえない。労働によって創造される「唯一の実体」としての「価値」が、人が望む様々な商品の形態で円滑に配分されるためには、誰も貨幣を貯め込まず、手にされたすべての貨幣を、直ちに他の商品との交換にあてることが不可欠とされたのである。貨幣それ自体に対する欲望は、セイの法則が成立するためには、存在しないものとみなされる必要があったのだ。

ケインズの理論が、経済学におけるひとつの革命であったのは、古典派経済学において前提とされたこの点を批判したからであった。いわゆる「流動性選好」と呼ばれるケインズ経済学の主要概念は、「経済」の先行きに不確定性が増大する特定の状況において、貨幣への欲望が認められることを理論として認めるものだった。前項でみた限界革命によってはなお温存されていたセイの法則が、ケインズの理論によってはじめて最終的な無効を宣言されることになったのである。

交換を人々の主観的な欲望に条件付けた限界革命以後もなお、ケインズに至るまでセイの法則が維持されたのはなぜなのか。その間の事情を理解するためには、セイの法則が、人々の「貯蓄」へ向けた性向を考慮してもなお、成立することを見る必要がある。貯蓄へと向けた人々の性向が、現金の保持というかたちで現れる状況においては、セイが危惧したように、古典派経済学の体系が脅かされる危険がある。貨幣が、商品の交換の体系の外部に留めおかれるならば、そこで円滑な交換が阻害され、セイの法則の維持が困難となるのである。

だが、「経済」が一定の発展を遂げ、人々の行為がエコノミーの体系に十分に組み込まれた後の状況においては、貯蓄へと向けられた人々の性向は、それ自体、「経済」の中に組み込まれうる。人々の貯蓄への性向は、銀行預金などの金融商品との交換として現れる限りにおいて、「経済」内部での出来事として記述されるのである。その場合には、金融商品の販売によって獲得された貨幣は、金融機関によって、直ちに「資本市場」へと振り分けられる。貯蓄へと向けた人々の性向は、金融商品との交換として現れる限りにおいて、貨幣を「経済」の外に留め置くことはないのである。貨幣をそれ自体として欲望してはならないというセイの法則は、貨幣が「経済」の外に留めおかれる状態を否定しているのであり、そのことは限界革命後の経済学においても妥当な主張と見なされていたのだ。

だが、ケインズの「革命」は、まさにそうした、「経済」の外に留めおかれる貨幣に対する人々の欲望を認めることにあった。「経済」全体の先行きに不確定性が増大する状況にあって人は、自らが保有する財をエコノミーの外部に保持しようとする傾向をもつとケインズは指摘したのである。

「経済」に組み込まれた人々の貯蓄の増加は、通常、利子率を引き下げて「投資」を増やす方向へと作用する。金融市場に溢れる貨幣は、右肩下がりの欲望曲線に導かれて、資金借入に伴うハードルを引き下げることになる。そうして低金利で借り入れられた資金は、人々の産業＝勤勉の拠点となる構造体を形成し、「経済」全体の発展へとつなげられる。人々の行為が「経済」の中で行われる限り、それらの有機的な連関はエコノミー全体の発展へ向けられることになるのである。

だが、このような想定は、人々の貨幣に対する「流動性選好」が高い場合には妥当しないとケインズは指摘する。「経済」全体の先行きに対する不安が現出している場合、自らが保有している財を金融商品のかたちで保有することには、なお危険が伴う。例えば「経済」の危機に際して、金融機関自体の破綻を回避するために、預金口座の引落制限がかけられることは十分にありうる。有事が懸念される場合、自らが保有する財の流動性をできるだけ高めておこうとする傾向が現れることをケインズは指摘したのである。

貯蓄へ向かう人々の性向が流動性選好として現れる場合、通常の金融商品が買われる時のような利子率の引き下げの効果は現れず、相対的に高い水準におかれる。人々の貯蓄への性向が「経済」の外部を志向するとき、セイの法則が期待するような投資の増加は果たされず、反対に投資を滞らせて「経済」の発展が阻害される傾向が現れる。そのことはまた、「経済」の先行きにたいする不確定性をさらに増加させ、流動性選好へと傾く人々の性向を強めることになるだろう。「不況」と呼ばれる経済状況は、このような負のスパイラルの結果として現出するとケインズは指摘したのである。

「不況」を避け、人々の活動を「経済」の中に組み入れ続けるためには、それゆえ、公定歩合を引き下げて金融商品の利子率を下げ、時には政府が資金を借り入れて積極的に公共投資をするなどして、「経済」の先行きに対する不安を払拭しなければならない。政府が積極的に産業＝勤勉の活性化に努めることによって、流動性へと逃避した人々の関心は再び「投資」へと向けられ、「経済」の先行きを覆っていた不確定性が打ち払われるのである。

「流動性の罠」

通常のマクロ経済学の枠組みにおいては、ケインズが指摘する人々の流動性選好は、政府による適切な介入によって調整されると見なされ、「経済」全体が破綻する可能性は考察の外におかれる。「経済」の外部を志向する流動性選好が絶対化し、不況と呼ばれる状態が全面化する可能性は、経済学が検討するべきものの外部におかれるのである。だが、ケインズ自身が指摘するように、流動性選好の絶対化という事態は、彼の理論的枠組みから容易に演繹される。政府による介入が、「経済」の先行きに対する不安を払拭するに十分なものではない場合、負のスパイラルは止められず、「経済」全体を危機にさらすことになるのである。

利子率がある水準にまで低下した後では、ほとんどすべての人が、きわめて低い率の利子しか生まない債権を保有するよりも現金の方を選好し、流動性選好が事実上絶対的となる可能性がある。この場合には、貨幣当局は利子率に対する効果的な支配力を失っているであろう。しかし、この極限的な場合は将来実際に重要になるかもしれないが、現在までのところでは私はその例を知らない。[Keynes,207]

ケインズが指摘しながら考察の外においた流動性選好の絶対化は、ゼロ金利政策に加えて量的緩和を続ける「貨幣当局」の無力が常態と化している今日の不況のあり方をそのまま描写したものといえる。「経済」と呼ばれるものの規模が一国の国家予算をはるかに越えて展開する状況にあって、政府の金融政策や公共投資による「経済」の活性化の方策が、限定的にしか機能しえない可能性は、現実のものとしてすでに現れているのである。

人々の欲望は、どのようにすれば「経済」の体系の内部に組み込まれるのか。前項の最後に提示した問題は、ここでもなお文脈を変えて問われることになる。経済学における限界革命は、古典派経済学において「経済」の発展を導いた論理を批判しながら、すでに統合された市場の上に、人の欲望がなぜ「経済」の中に接続されるのかという問題を考察の外においた。だが、ここでケインズの議論に即して確認されたことは、まさに人々の欲望は、決して無条件的に「経済」の体系の内部に組み入れられるものではないということである。人々が「経済」の体系の中におかれた商品を欲望せず、流動性を選好して「経済」の枠組み自体を危うくする可能性がそこに示されているのである。流動性選好が絶対化し、不況が全面化する状況にあって、どうすれば人々の欲望が「経済」の体系へと接続されるのかということは、より切迫した問題となる。「経済」における価値の総量は、人々の欲望の総体によって規定されるのである。

近代経済学における「経済」は、どのような構造において維持されるものなのか。通常の経済学においては主題化されない近代経済学のエコノミーの構造を、節をあらためて検討することにしたい。

第三節　資本による急き立て――近代経済学の「エコノミー」

近代経済学における「経済」とは、どのようなものだろうか。その構造を見るために、今一度ワルラスの理論に立ち返るところからはじめよう。そこでは、人々が様々な商品をそれぞれの主観によって価値づけながらも、「経済」の全体において「価格」が一意に決定される構造が示されていた。古典派の経済学が、「経済」が「経済」として成立するために、セイの法則に対する「信」を問うたのに対して、近代経済学は、人々の欲望が同じひとつの「経済」の中に統合される限り、それぞれの主観的な価値判断の「自由」が許されたエコノミーの調和を語りえたのである。

だが、そのときの人々の欲望の統合は、どのようにして可能になっているのだろうか。

ワルラスの理論を見た際に確認したように、「経済」の一般均衡が成立し、諸商品の「価格」が一意に定まるためには、「正金」として他のすべての商品との交換の尺度となる商品、すなわち貨幣を導入する必要があった。それぞれの商品の交換の比率は、貨幣を尺度とした「価格」として一意に定められたのである。だが、それぞれの商品が同一の尺度に基づいて交換の比率を定められるのは、それらの商品があらかじめ同じ「経済」のうちにあることを前提にしてはじめて可能なことであった。それらの商品は、共通の尺度によってはかられることを予め前提にしていたのである。

だが、貨幣が貨幣として機能し、すべての商品が同じひとつの交換の体系のうちに位置づけられるのは、どうしてか。ワルラスにおいて前提とされていた貨幣の成立を問い直すことが、議論の出発点となる。

商品の価値の形式としての貨幣

商品は、交換に際して持ちうる価値がいかに大きく見積もられるものであっても、実際に取引相手を見つけることがなければ「商品」とはならない。先にみた限界革命の主導者のひとりのメンガーは、スミスにおける無条件的交換を批判しつつ、「販売力」という概念で商品が交換される条件を記述していた。例えば、剣をつくる鍛冶屋が、自らの生産物を携えて市場におもむいたとしても、そうした比較的「販売力」の小さい商品を欲する人々の中から、さらに彼が望む食料や麻布をもつ人を直接見つけるのは困難である。交換の規模の小さい原始的な市場を想定するかぎり、そこでの「交換」の成立は常に偶発的であり、自らの生産物を自分が欲する商品と交換することには困難が伴うのである。

「販売力」の小さい商品を携えて市場へと赴くものは、それゆえ、自らの生産物を彼の必要なものと直接的に交換する前に、まずは「販売力」の大きな商品と交換しようとすることになる。メンガーによれば、そのような「販売力」の大きな商品とは、「ホメロスの時代」には「家畜」

であったが、一定程度以上の規模の市場においては、「貨幣」であるとされる。貨幣とは、メンガーによれば、他の商品と比べて著しく「販売力」の高い商品であると特徴づけられるのである。

しかし、ここで「販売力」といわれるものは、実際、どのようなものなのだろうか。メンガーのいう「販売力」が、商品の「価値」とは全く重ならない概念であることをまずは確認しておく必要がある。貨幣はたとえ少量であっても人々に受け取られる可能性をもっているが、交換に際して高い価値づけをされる商品が、必ずしも高い「販売力」をもつわけではない。「販売力」という概念は、商品がもつ価値とは独立に規定されるのである。

いかにして貨幣はそのような高い「販売力」を持つのか。それ自身何の使用用途もなく、また「稀少」でもない貨幣が、他の商品よりも優先的な交換の対象となることについて、メンガーは十分な説明を与えてはいない。人々は、自らの生産物を交換に供するために高い「販売力」を持つに至った貨幣を優先的に交換の対象とするが、貨幣がなぜそのような地位をもつかについてはメンガーは説明を加えていないのである。

この問題について十分に理論的な考察を展開しているのは、マルクスの「価値形式論[41]」である。マルクスの経済学を近代経済学とならべて論じることに違和感を感じる向きもあるかもしれないが、しかし、少なくとも貨幣の生成過程の分析に関する限り、マルクスの議論は、限界革命以後の経済学よりもより精緻な議論を展開しているといえる。

ある者が、商品として価値をもつと見込まれるもの（マルクスの文脈では「リネン」）を携えてとに示されるのである。[42]

20エレのリネン＝1着の上着
＝10ポンドの茶
＝40ポンドのコーヒー
＝……

市場へ赴き、それと引き替えに、彼が欲する様々なものを手に入れようとする。「上着」や「茶」や「コーヒー」などといった彼の欲望の対象は、そこで、彼がもつ「リネン」と量において比較され、交換に供される。

上の等式は、彼が所有するリネンが、彼が欲するものと比較して、どのような「価値」を持ちうるかを示したものである。この式では、つまり、「20エレのリネン」が、どの商品のどれだけの量と交換されるかが示されている。ここで「等式」で示される商品交換の両辺は、しかし、単純に入替可能なものではない。両者は一定の交換の比率が与えられて「等価」と見なされるが、その等価関係は、あくまでリネンを「主語」として語られるものなのである。すなわち、ここで問題となっているのは、常に「20エレのリネン」の「価値」であり、右辺におかれた商品は、その「価値」を表現する手段となっているのだ。市場に持ち込まれたときには単に潜在的なものでしかなかった「リネン」の「価値」は、こうして、様々な商品との間の等価式として示されることで、一定の「形式」のもとに示されるのである。[42]

「リネン」や「上着」、「茶」などといったものは、それぞれの物自体に即して考える限り、およそ目に見えるかたちで価値をはかられるものではない。もちろん「リネン」は「リネン」

としての使用価値をもち、「上着」は「上着」として使用される価値をもつが、それは共通の尺度をもって比較されない。それらが量によって互いに比較され、他との関係で示されるのは「交換」が問題となる限りにおいてである。あるものの「価値」は、そこで対となるものを「形式」として、その量によってはかられるだ。

また「リネン」の価値は、交換の等式の左辺におかれて主題化される限りで示される。それは、実際に交換が果たされた後には、等価関係から離れる。「20エレのリネン」＝「1着の上着」という等価式は、その交換に際して与えられた関係であり、当の交換が果たされた後、いつでも無条件に有効なものではない。「20エレのリネン」に変えて「1着の上着」を獲得したとしても、その「1着の上着」をもっている限り、いつでもそれを「20エレのリネン」と交換できるわけではないのである。他の諸条件をぬきに単なる交換として考える限り、交換の等価式は、その都度の交換においてのみ効力をもつと考える必要がある。「20エレのリネン」の価値は、少なくとも単純な交換だけを考える限り、交換される瞬間に浮かび上がるだけで、その前後においてまで保証されるものではないのだ。

しかしあるとき、例えばメンガーの例に登場したような鍛冶屋が、「販売力」の低い自らの生産物を、まずは「販売力」の高い商品へと交換しようとするとき、右にみたような交換の価値形式は、まったく異なる現れ方をすることになる。

このような商品の価値形式の与えられ方は、少なくとも見た目の上では、単に先の等式を反転させただけのものに思われる。「20エレのリネン」の価値を「上着」「茶」などによって表現することが主題となっていた先の等価式は、ここでその主語が入れ替えられ、「リネン」を形式としてその量によって他の諸々の商品の価値を示すものとなっている。そこでは、一見するところ、単に主語として価値を問われる商品が替えられただけで、何の構造的な変化もないように思われるのである。

（１振の剣　　　　　　＝）
１着の上着　　　　　　＝
１０ポンドの茶　　　　＝
４０ポンドのコーヒー＝
……＝２０エレのリネン

だが、新たに反転して得られた式は、左辺に価値を問われる様々な商品に対して、右辺におかれた「リネン」が共通の価値の形式となっている。そこでは、様々なものの価値が、「リネン」というひとつの形式によって表現されているのである。メンガーの例にあらわれた鍛冶屋が、まず自らの生産物をより販売力の高い商品と交換しようとするとき、彼が求めるのは、このような、他の商品の価値の形式となり、より広い交換可能性に開かれた商品であったと考えることができる。市場に出てきた様々な商品が同じ形式のもとで価値を表現されている状態において、ひとは「販売力」の低い自らの生産物を自らが欲する様々な商品と交換するために、価値の形式となる商品を求めるのである。メンガーにおいて「販売力」の高さと呼ばれていたものは、それゆえ、マルクスの理論の枠組みにおいては、ある商品がどれほど多くの商品に対して価値を表す形式となっているかを示すものと見ることができる。等価式において左辺におかれる商品の豊富さが、右辺におかれる商品の販売力の高さの度合いを示しているのである。

こうして特定の商品の販売力の高さに依存して人々の交換がなされる状況においては、交換の等式に一定の恒常性が与えられることが同時に期待されることになる。先にみたように、「20エレのリネン」を主語として価値が問われ、様々な商品によってその答えが与えられる交換においては、商品の間の価値の等価式は、交換が果たされるそのときにだけ成立するものとみなされた。市場に問われた商品の「価値」は、その都度の交換の場面で瞬間的に立ち現れるだけで、その後の価値の等価式のあり方に規定力をもたない。「20エレのリネン」によって「1着の上着」を得た後に、その「上着」がもちうる価値が再び問われたとしても、新たに「形式」としてその価値をはかる商品が、先の交換の等式を規範として関係づけられる必然性はどこにもないのである。

だが、特定の商品を形式として他の商品の「価値」が表される状況においては、形式の同一性に基づいて諸々の商品の価値が互いに比較可能なものとして位置づけられる。高い販売力を恃《たの》んで自らの生産物を「リネン」と交換する人々は、「リネン」を形式とした諸々の商品の価値の交換可能性が開かれる限りで、そのような行為を行う。リネンを形式として示される価値の等価式に対して、何の規範性をも望み得ないのであれば、人はあえて自らの商品を「リネン」

と交換することを望まないのである。

　実際、「リネン」を形式として表現される商品の価値の体系を恃んで交換を行う人々は、必ずしも「リネン」という商品を欲しているわけではない。そこでひとが「リネン」を買い求めるのは、それが他の商品の価値を示す形式として機能する限りであって、「リネン」というもの自体を愛しているからではない。人が倉庫に山と積まれた「リネン」を眺めて目を細めうるのは、それが他の商品との交換可能性に開かれている限りにおいてである。そのような可能性が閉じられたならば、そこに積まれた「リネン」は、単なる過剰在庫としてしか彼の目に映じることはないのだ。

　それゆえ、人々が同じ価値の形式のもとで諸々の商品の交換を行うためには、その交換の体系が単に一過的なものとして解体されず、何らかの交換可能性を保証するものとして機能し続けなければならないことになる。昨日価値の形式として機能していた商品が、今日になって交換を拒否されるのだとすれば、そのような商品は人々の「信用」に値しない。必ずしも実際的な欲望対象ではない商品が、人々の優先的な交換の対象となって諸々の商品の価値の形式となるためには、常に同じ交換可能性が開かれていることが不可欠の要件となるのである。

　では、ひとつの商品が、他の商品に対して価値の形式として機能し続けることは、どのようにして可能なのだろうか。マルクスの例に見られる「リネン」が、いつでも他の商品との交換可能性を保証する価値の形式として機能するわけではないことは容易に想像できるだろう。仮にある限定された市場において「リネン」が価値の形式としての機能を持ち得たとしても、そのような体系が普遍性をもって維持されることは困難である。なぜなら、「リネン」という商品は、マルクスがいうように、価値の形式として諸々の商品の交換可能性を保持する役割から離れて、それ自体の「価値」を再び問われる可能性をもっているからである。人々が優先的な欲望の対象とする「リネン」は、それ自体、どれほどの「価値」を持つものなのか。そうした問いが発せられるや否や、「リネン」は再び価値の等価式の左辺におかれ、「リネン」を形式として維持されていた商品の交換体系の通用性は宙づりにされる。諸商品に対して価値の形式を与え、その量によって他の商品の価値を表現してきた「リネン」が、それ自身の「価値」を吟味されるとすれば、価値の形式であったはずのものに対する信頼はゆらぎ、存在していたかのように思われた諸商品間の交換の規範性が効力を奪われる。「リネン」を再び等価式の左辺において価値を問うことは、「リネン」を形式として価値を表現していた交換の体系全体を相対化させることになるのである。

実際、「リネン」という商品が持ちうる「価値」は、「リネン」を右辺におくことで成立する交換の体系のうちに表現することはできない。マルクスがいうように、「リネン」の価値を「リネン」という形式で表現することは、単なる同語反復にすぎないのである。諸商品に対する価値の形式自体の価値の問い直しは、それゆえ、その価値の体系の外部の存在を必然的に指し示すことになる。価値の形式となる商品自体の価値が問われるとき、それによって成立しているかのように思われた諸商品間の関係の恒常性は、括弧に入れられることになるのである。

貨幣と呼ばれる商品は、しかしそれに対して、例外的に常にこの等価式の右辺に止まって他の商品の価値の形式となり続けるとマルクスはいう。貨幣は、形式として他の商品の間の交換可能性を保証しながら、自らの価値の問題を決して主題化させることがない。メンガーが十分な説明を加えることなく前提とした販売力の高い貨幣、ワルラスの理論においてその方程式を解くための要件としていた「正金」は、まさにこうした特異な位置をもつ貨幣の機能を指し示すものであった。それぞれの主観にもとづいて「自由」に価値づけされる商品が、「経済」の全体において、一意な「価格」を得ると考えることができたのは、そこで人々の「欲望」の対象となる商品がすべて、貨幣を形式とした同じひとつの価値の体系の中にある限りにおいてであったのである。だがなぜ、貨幣はそのような地位を保ち続けることができるのか。そこにこそ「経済」が「経済」として維持される構造的な基盤がある。

「確信の確信」を支える資本

それ自身、ひとつの商品であるはずの貨幣が、それ自身において価値を問われないのはなぜなのか[43]。この問題はとりわけ、貨幣自体の価値が現に存在しない状況においては、より先鋭的な事柄として現れる。金本位制が廃止され、実体的なものとの観念的な連関をも失った状態におかれた貨幣は、それ自身の価値を問われておよそ満足な答えをもつものではない。アグリエッタ＝オルレアンや岩井克人などの経済学者がすでに指摘しているように、貨幣の価値は、それが貨幣であることにしか求められない。貨幣は、貨幣として、人々の優先的な交換対象となる限りにおいて、貨幣として機能しうるのである。そこには、貨幣が貨幣であることが、単に現に貨幣であることだけに拠っているという自己準拠の構造がある。貨幣は本当に、貨幣として他の商品の価値の形式と見なされるべきものなのだろうか。こうした貨幣に対する「疑い」が人々の間に全面化するだけで、貨幣の貨幣としての機能は失われうるのである。

本論の冒頭、ラカンの囚人ゲームのモデルによって示した確信の確信による論理の飛躍の構造が、ここにも機能している。そこでは、人がみな同じことを確信していることを確信することが、論理的には不確かな事柄を信じるための不可欠の要素となっていた。囚人たちは、彼らに与えられた制約された情報をもとに、彼ら自身の欲望に導かれて、論理では決して超えられない推論の壁を、彼ら同士の確信の確信によって乗り越えた。他の人々も同様に確信していることだけを根拠に信用をえる貨幣の機能は、まさにこのような囚人たちの確信と同じ構造を持つものといえる。「経済」と呼ばれる商品交換の体系の存立は、人々の間の確信の確信によってのみ支えられているのである。

なぜひとは必ずしも確実な根拠を持たない貨幣を信じることができるのか。囚人ゲームにおいて、その跳躍を支えていたのは、解放へと向けた彼らの欲望の急き立てであった。論理的には不完全であるものを彼らがあえて確信することができたのは、彼らが他に先んじて目的を遂げようとする欲望に急き立てられていたからであった。そのような急き立てがなければ、ゲームとして設定されるものの中で、囚人たちはあえて論理的な誤謬を侵す必然性はなかったのである。

だが、自己自身にのみ根拠をもつ貨幣の機能を承認し、人々の営みをあえて同じひとつの「経済」に統合するように急き立てるものとは、どのようなものだろうか。

古典派経済学の枠組みで考える限り、人々を「信」に駆り立てる急き立ては、容易に認められた。古典派経済学の「経済」において、その発展を期する人々は、ともにセイの法則を「信」じることで、「経済」が拡張することの恩恵を実際に得ることができたのである。論理的には飛躍のあるセイの法則があえて「信」じられたのは、そのような「経済」の実現へ向けた欲望の急き立てが働いていたからだったのだ。

しかしながら、生産の拡大を経済の発展から切り離し、人々の欲望のあり方を所与とみなす近代経済学において、「経済」を「経済」として維持させる人々の急き立ては、容易に主題化されない。そこでは、人々の欲望が同じひとつの「経済」の中に統合されていることは前提であり、「経済」が「経済」であるために必要とされる人々の欲望の存在は、問題の外におかれるのである。

なぜ人々の欲望は、同じひとつの「経済」の中に統合されるのか。論理的な飛躍をあえて行おうとする急き立ての所在を確かめるためには、ケインズの議論をもう一度参照する必要がある。ケインズの議論において明らかになったのは、人々が「経済」についての明るい見通しを共有し、自らの財を資本として「経済」の発展のための投資を行うことではじめて、「経済」が「経済」として維持されるということであった。人々が投資を避け、自らが保有する財を「経済」の体系の外におこうとすることで、「経済」自体の存続が不確定となる不況が引き起こされたのである。「経済」がもつこうした構造は、すなわち、人々が利潤を求めて積極的に投資へと急き立てられることが、「経済」を「経済」として維持する契機となることを示しているといえる。人々がそこで、必ずしも論理的には確かではない跳躍をあえてなすのは、古典派経済学の場合と同じように、「経済」が拡張することによって得られる利潤の獲得を目指すことによっている。資本による利潤の獲得の期待は、そうして、人々の欲望を急き立て、必ずしも論理的には導かれない「経済」の存立を確信させるのである。

すなわち、近代経済学が「経済」として前提としているものは、資本を原理として人々の欲望が同じひとつの「経済」へと統合される構造であることになる。人々の欲望は、無条件的に「経済」に統合されているものでは決してなく、ワルラスの一般均衡理論が成立するのも、人々が利潤を求めて急き立てられ、互いの欲望をひとつの体系のうちに統合させ合う限りにおいてである。近代経済学において「自然」と見なされる人々の「経済」への参入は、資本を原理とすることではじめて成立するものであるのだ。

だが、「経済」が「経済」として維持されるために、人々の欲望が資本によって動機づけられることが不可欠であるとすれば、「経済」の中で見出される人々の欲望は、必ずしも個々人の「自由」に委ねられるものではないことになる。ワルラスの一般均衡理論において人々の欲望は、何らかの仕方で欲望曲線として描かれるものとされていた。欲望のあり方は、人それぞれであり、その人が特定の商品に対してどのような欲望曲線を描くかはそれぞれ独立の関数として示されていたのである。だが、人が「経済」の中の商品を欲望するということにおいて、すでに一定の動機づけを被っているとすれば、そこには欲望の「自由」があらかじめ奪われている可能性がはらまれることになる。

実際、利潤をもとめて投資を行う人々は、「経済」へと参入することにおいて、一定の可能性の縮減をあらかじめ被る。ケインズがいうように、「経済」における長期的な成長を見込んで行われる投資は、「投票者が一〇〇枚の写真の中から最も容貌の美しい六人を選択し、その選択が投票者全体の平均的な好みに最も近かった者に賞品が与えられる新聞投票に見立てられる」［Keynes,156］。そのような「ゲーム」の枠組みにおいて投票者の勝利は、彼自身の選好の基準にしたがって投票することによってではなくむしろ、他の投票者の好みに最もよく合うであろうと思うものに投票することで得られる［cf.ibid.］。すなわち、「投資」によって利益を得ようとするものは、彼自身が本来持っている欲望にしたがって投資先を選ぶのではなく、他に投資しようとする人々の欲望を読み取り、その欲望を自らのものとしなければならないのである。「経済」において投資家が何を欲望するべきかは、投資家個人の主観的な価値判断とは異なる次元で決定される。利潤を求めて「経済」へと参入することにおいて、ひとは、他者の欲望に即して自らの欲望を方向づけられるのである。

実際確かに、誰を「美人」として選ぶかは、なお各人の「自由」に委ねられている。だが、「経済」における利益が志向される限り、その「自由」な判断は、他者と同じ方向を向くように矯正を受ける。各人の行為は、「経済」へと統合された「欲望」に従う限り、他と調和する契機をあらかじめ含んでいることになるのである。

そこには、近代経済学のエコノミーにおける「自由」と「規範」の問題が現出しているといえるだろう。人々が「経済」の中にあることにおいてすでに、自らの意識の外で欲望に一定の方向づけを被っているのだとすれば、意識の上で「自由」と見なされる行為は、本当に「自由」といいうるのか。その問いはまさに、アダム・スミスの経済学が、その成立の基盤としたケイムズの問題であった。人々の意識の外で働く欲望によって達成されるエコノミーの調和において、人々の「自由」は見せかけだけのものだとするケイムズに対して、スミスは、「富と名声のイデア」に導かれた各人の「自由」な行為が、「自然の欺瞞」によって「経済」に調和すると見なした。「自由」と「規範」の問題は、そこでは「経済学」における重要な主題として位置づけられていたのである。

今日のわれわれが意識することなく前提とする「エコノミー」において、われわれの行為は、どのような構造によって規定されているのだろうか。今日「経済」と語られるものの構造をより立ち入ってみるためにも、次章では、「経済」における自由と規範の問題を検討することにしたい。

第三章　「自由な主体」のエコノミー――「経済」の規範性について

第一節　経済学と規範性

アダム・スミスの「経済学」の構想に大きな影響力をもったケイムズの議論は、人々の行為が欲望に規定されていることをもって、人間の自由な行為の存在を否定するものであった。ひとは無意識の欲望によって行為を規定されており、自由と見なされる個々人の恣意的な行為は、社会全体としてみればすべて道徳的必然の環の中にある。ケイムズは、社会全体の道徳的秩序が実現することの根拠を、人々の無意識の欲望に基礎づけたのである。

ケイムズが自然神学の枠組みを前提に語っていた事柄は、その後、アダム・スミスをへて経済学が整備される過程で、経験化される。分業と交換の原理を確信し、理論的な抽象として「経済」を想定するにせよ（古典派経済学）、確信の確信にのみ存立根拠をもつエコノミーのうちに人々の欲望を導く構造を前提にするにせよ（近代経済学）、経済学は、神などの超越的な概念から切り離され、純粋な科学として成立すると見なされたのである。

「純粋科学」としての経済学の地位の要求は、実際例えば、次のようなJ・S・ミルの経済学の定義に見ることができる。そこでは、スミスの経済学にも残っている「道徳哲学」の残滓が批判され、経済学は純粋科学たるべきものとして規定された。

〔アダム・スミスにおいて〕問題となっている〔経済学の〕定義についてみると、……この定義は、密接な関係があるものの本質的には区別されるべき科学と術という観念を混同しているという決定的な反論を受けざるを得ないように思われる。……科学は諸真理の集合体であり、術は諸準則、あるいは行動の心得の総体である。科学の言葉は、「これは〜である」とか、「これは〜ではない」、あるいは「これは起こる」とか、「これは起こらない」というものである。〔これに対して〕術の言葉は、「これをせよ」とか、「あれをするな」というものである。……それゆえ経済学が科学であるとすれば、それは実用的な準則の集合体とはなりえない。……経済学と物理学〔＝自然学〕との区別の中に、これ〔経済学が富の生産法則を対象としていること〕以上の区別が何一つないならば、両者は決して区別されなかっただろうとあえて断言してもいい。［Mill,123-7］

ここでミルは、アダム・スミスの経済学に残っていた規範的な命題を切り離し、経済学を物理学〔＝自然学〕と同等の「科学」であると宣言している。「科学」としての経済学は、「これをせよ」「あれをするな」といった規範的な指示を出すものではなく、「経済」と呼ばれるべき対象を客観的に検討するものと見なされるのである。

ミルによるこうした経済学の「定義」が、経済学と自然学＝物理学との関係をめぐる奇妙な転倒の上になされている点は興味深い。第一章で確認したように、スミスにおいて道徳のエコノミーを基礎に構築された経済学は、そもそも「自然学」を範として成立したものであった。「自然」に内在する摂理を明らかにしようとする試みが、道徳の構造についての「科学」の確立へと連なっていったのである。経済学が自然学＝物理学との間に、探求の対象の差異以上の区別を持たないとするミルの主張は、それゆえ、まさに「道徳哲学者」としてのアダム・スミスが完全に同意するものと見なされる。経済学とは、人々の「社会的富」の生産に関わる「自然のエコノミー」を明らかにしようとするものだったのである。

だが、科学としての経済学は、実際、ミルのいうように、「これをせよ」「あれをするな」という規範的な命題と完全に切り離されうるのだろうか。「経済」における規範性の問題を考える糸口として、まずはその点を検討することからはじめることにしよう。

ハイエクにおける「自生的秩序」と「無意識のルール」

例えばハイエクは、「経済」における理想的な一般均衡を実現するために、積極的な市場開放政策を採るべきだと政府に働きかける経済学者を批判することにおいて、純粋理論の名の下に規範的命題を語る経済学者から一線を画しているように見える。経済現象に関する知見をもとに、政府がなすべきことを提言する経済学者が、右のようなミルの定義を蹂躙しているとしても、徹底して個人の「自由」に寄り添い、そこから自然に形成される秩序の重要性を説くハイエクは、中でも、経済学の名において下される規範性に対して、最も慎重な態度をとる経済学者と見ることができるのである。

ハイエクによれば、「いわゆる『完全競争』の理論が現実の生活における競争の有効性を判定するための適切なモデルを与えており、かつ、現実の競争が『完全競争』から離れる程度に応じて、現実の競争は望ましくないもので、有害でさえある」と考える経済学者の態度を「正当化する根拠はほとんどなにもない」[Hayek:1949 ,92]。経済学の一般均衡理論において仮定される「完全競争」のモデルによって、現実の競争の是非を判定し、「これをせよ」「あれをするな」と主張する経済学者は、「本当の説明なら競争の過程の結果として解き明かさなければならない〔完全競争による均衡の〕状態を想定している」[Hayek:1949, 94 : 強調はハイエク]。その点において経済学は、ある種の規範として機能しているといえるのである。

あらかじめ実現すべき理念を「想定」し、その「予め配慮された知」を現実化するための制度設計を提案する経済学は、その限りにおいて、単に経験的な現象を記述することから離れて、規範的な介入をなしている。経験的な事実から切り離されたかたちで「経済」の構造を記述することと自体が、その理想の実現の期待となっているのである。ハイエクによれば、政府が積極的に「経済」に介入するケインズ主義的経済学はもとより、一般均衡理論のもとに「完全競争」の実現を要求する経済学者もまた、ありうべき「経済」のすがたをもとに現実に介入することにおいて、規範的な命題と無縁ではないとされる。ミルが主張するような「純粋科学」としての経済学の定義は、その限りにおいて、近代経済学の実践において、常に矛盾的に遂行されるものとなっているのである。

だが、体系的なエコノミーを構想し、そのモデルに従って現実を変えようとする経済学者を批判し、人々の「自由」な行為による「自生的な秩序」の重要性を説くハイエクの議論が、それ自身、「これをせよ」「あれをするな」という規範的命題から切り離されるものかといえば、そうではない。ハイエクは、「競争が故意に抑圧された場合」に発生する「害悪」を語りながら、「自生的秩序」を阻害する要素については積極的に排除を求めるべきと主張した。「強制は、しかし全面的に避けることはできない。というのは、強制を防ぐ道は、強制の脅威によるしかないからである。自由社会はこの問題に対処するために国家に強制の独占権を与えた」［Hayek: 1960, 71f.］といいながらハイエクは、「自由」を実現するための「強制」については、その意義を認めたのである。「個人」として他からの圧力を受けずに決定できる「自由」を、国家の独占的な強制力によって確保するならば、人々はその後に「自然発生的」に自分たちの秩序を形成していくことができる。ハイエクの「自生的な秩序」の主張は、「国家」による「強制」を用いて確保される「自由」を前提として成立するものだったのである。だが、そのような「強制」によって維持される「自由」とは、実際、どのようなものなのだろうか。一見するところ、最もリベラルな態度で「経済」の規範性を排除する言説が、なおそこに含み持つ規範性を検討することこそが、本章の課題となる。

実際、ハイエクがいうように、自らの意識において「自由」と判断される行為もまた、そうとは意識されないままに、ある種の「ルール」に束縛されていると考えられる［cf.Hayek:1967, 56］。自らの経験に基づいて独立した判断をなしていると見なされる場合であっても、ひとは、無意識的な仕方で構築されている「抽象的パターン」に依存して考えているとハイエクはいうのである。哲学的な認識論としてはそれほど新奇ではないこうした主張は、しかし、「自由」な主体の行為を第一に考えるハイエクの経済学にとっては、重要な問題を提起しているといえる。「われわれの行為を統御している無意識の諸ルール」［Hayek:1967, 56］は、「『AならばBをせよ』という形で表現されねばならない」［ibid.］が、その規範性を帯びた命題が、無意識のうちにわれわれの行為を統御するとハイエクはいうのである。そのような「無意識の諸ルール」はまた、単に「行為」の場面においてだけでなく、人々の「知覚」においてすでに、作用している［cf.Hayek:1967,45］。他者との間で「理解可能性」が成立し、人々が一定の秩序において「正義感覚」［Hayek:1967,45］を共有することができるのは、ハイエクによれば、「他人の心の構造がわれわれの心の構造と同じルールによって統御されている」［Hayek:1967,60f.］からであるのだ。

ハイエク研究者の上山によれば、こうした認識の場面において形成される無意識的な「感覚秩序」［Hayek:1952］のあり方は、経済学における「自生的秩序」の形成に重ね合わされるという。[44] また渡辺幹雄は、両者を「複雑系パラダイム」に準拠させて構造的差異を見ていない。[45] こうした解釈によれば、認識における「無意識の諸ルール」の自発的形成は、ハイエクにおいて、経済における自然発生的な秩序の形成のメカニズムにそのまま重ねられることになるのである。

だが、そのような捉え方は、社会的秩序と認識の問題を単純に重ね合わせ、認識論と存在論の区別をまったく考慮していないだけでなく、そこで先鋭化される「自由」な行為の可能性の問題を無視する点において、楽観的にすぎるといわざるをえない。もしも人が「自由」と見なす行為が、あらかじめ他者と「同じルールによって統御されている」ことの上に成立するとするならば、それぞれの「自由」な行為の中から「自生的」に形成される秩序もまた、すでに「無意識」のうちに共有されている「ルール」に依存することになるだろう。ハイエクによれば、人々の「正義感覚」についてもまた、そのような「無意識の諸ルール」に依存するものとされていた。ハイエクが自ら展開する認識論は、その限りにおいて、「自生的秩序」を論じるハイエクの主張の妥当性自体を危うくしていることになるのである。[46]

しかしそれでは、ハイエクの「認識論」によって、人々の自由な行為の可能性は、否定されるのだろうか。他の経済学による「予め配慮された知」を批判し、個々人の自由に基づく「自生的秩序」の重要性を主張したハイエクの議論が、彼の認識論を展開する場面において、ケイムズの「自由と必然」の論理と同型をなすまでに至っていることに、まずは注意を向ける必要がある。他者と共有される「無意識の諸ルール」に人々の「正義感覚」の成立をみるハイエクの認識論は、意識の上で「自由」と見なされる行為が、実際には無意識な欲望の次元における「道徳的原因」に規定されているというケイムズの議論と、ほぼ同型をなすまでに至っているのである。だとすればやはり、ハイエクの認識論は、やはり「自生的秩序」を可能にする個々人の自由を、完全に否定するものなのだろうか。

だが、事柄はそれほど単純ではない。というのも、アダム・スミスの経済学は、すでに見たように、ケイムズの「自由と必然」の枠組みを継承しつつ、そこに個々人の「自由」な行為の可能性を規定しようとする試みであったと考えられるからである。経済学とは、すなわち、その成立において、それぞれに独立して行われる個々人の「自由」な行為と、「自然＝本性」に即して形成される秩序との調和を描き出そうとするものであった。「経済学」において、もしその企図がすでに果たされているのだとすれば、「無意識の諸ルール」による行為の規定を語るハイエクの認識論は、それでもなお、人々の「自由」な行為の可能性を否定するものではないことになる。道徳哲学から派生した経済学の課題が、個々人の「自由」と社会的秩序の間の矛盾的対立をひとつのエコノミーにおいて示すことであったとすれば、ハイエクの理論における対立は、単に見かけ上のものであることになるのである。

だが、実際それが見かけ上のものであるとして、その現象上の対立は、どのように解きほぐされるのだろうか。「経済」における自由と規範の問題を問うことは、まさにその「調和」の成立を明らかにすることにほかならない。「無意識の諸ルール」によって規定された行為は、どのような意味において「自由」でありうるのか。そこで「無意識」とされる事柄の内実を立ち入って検討することで、「経済」における調和の構造が明らかになる。人々の意識の外におかれた欲望は、いかにして「自由」な行為と全体的な調和を達成するのか。アダム・スミスやケイムズにおいて、「無意識」に帰されたエコノミーの調和の構造を、明示的な仕方で捉えるためには、同時代において同じ道徳の問題を理論化しようとしていたカントの議論を参照する必要がある。

カントは、「近代哲学の完成者」として、今日に至るまでわれわれの思考の枠組みを極めて明瞭な仕方で理論化した思想家であった。『純粋理性批判』というテクストは、神学的な体系に依らず世界を記述する方法を示すことにおいて、近代における思考の枠組みを措定する役割を担ったと考えることができる。カントの思想は、いわば、近代における人間の自然＝本性の捉え方に大きな影響を与えたと見なしうるのである。その同じ理論的な枠組みを用いてカントは、道徳と自由の問題を考察している。ケイムズやスミスが、無意識の欲望に帰した道徳と自由の問題に対して、カントは「理論理性」を扱ったときと同様の「超越論的」な方法によって解答を与えようとしているのである。

実際、スミスと同時代において道徳を論じるカントが、ケイムズやスミスと同じ問題を共有していたと考えることには、一定の妥当性がある。[47]『純粋理性批判』や『実践理性批判』など、カントにおいて重要な地位を占める「批判」という概念自体が、ケイムズに由来するという見方がある一方で、[48]スミスの『道徳感情論』（一七五九）の独訳の刊行（一七七〇）の後、一七七一年に弟子のヘルツが書いたカント宛の書簡に「あなたのお気に入りのスミス」と比してケイムズの優位が主張されている〔cf.Kant:X,126〕ことからも、同時代の思想家が取り組んだ課題が、カントの周辺で議論されていたことがうかがい知れる。この後立ち入って検討するように、カントの道徳論において問われていたのは、ケイムズ＝スミスと同じ問題、すなわち、個々人の「自由」な行為が、いかに道徳的秩序に合致するかを示すことであったと考えることができるのである。「経済学」において意識の外におかれた「調和」の構造を明らかにするために、以下、カントの道徳論の理路を検討することにしたい。

第二節　カントにおける自由と規範

『純粋理性批判』におけるカントの大きな主題のひとつは、それぞれに独立した経験を紡ぐ個々人の間に、いかにして共通の「客観的」認識が構築されうるかという問題であった。ヒュームの認識批判によって、真理を端的に真理と見なすことの「独断」に気づかされたカントは、個々人の経験からいかに「客観的真理」が規定されうるかを示そうとした。個々人の「自由」な行為が、同じひとつの道徳的秩序に合致するカントの道徳論の構造を見るためには、まずはカントの認識論の構造を見ておく必要がある。以下、多少なりとも哲学的に立ち入った議論にならざるを得ないが、カントにおいて「客観的真理」が成立する構造を、できるだけ簡潔に見ておくことにしよう。

1　カントにおける「理念」の機能

神学の枠組みを前提に、人々に共通した客観的真理を確保する議論は、カントとスミスの時代において、その妥当性に大きな疑義を突きつけられていた。ヒュームによる認識批判は、ひとびとの経験に基づかず「超越的」に語られるだけの論理を、無根拠なものとして徹底的に否定する。人間は、自らに与えられた感覚をよりどころに認識の体系を作り上げるのであり、何らかの「客観的真理」が経験からはなれて生得的に与えられるとは見なし得ないと批判されたのである。

スミスがケイムズの議論の枠組みを引き継ぎながら、その論理を経験化する必要があったのも、ヒュームの徹底した経験主義の影響によることを思い返しておこう。ケイムズにおいて維持されていた超越的な根拠を経験化することが、スミスの課題であったのだ。ヒュームの洗礼を受けたことで「独断のまどろみ」から解放されたカントの企図もまた、スミスのそれに重なるものだといえる。カントは、ここで「客観的真理」と呼びうるものを神学的な枠組みによらず示すために、まずはヒュームの経験主義的な批判を受け止めるところから議論をはじめるのである。

だが、ヒュームのいうことをすべて受け入れ、人々の認識が各人の経験にのみ基づくものだとすれば、そこに共通した真理を認めることは困難になる。ひとびとの認識が互いに相対的なものであるとすれば、何かを客観的な仕方で「正しい」とみなすことは困難となるだろう。ヒュームによる徹底した経験主義の洗礼を受けながらもカントは、人間の認識の構造のうちに、人々に共通した客観的真理を認める可能性を突き止めようとするのである。

ヒュームによれば、各人の経験の基礎になる感覚的印象は、意識によって加工が施されないかぎり、与えられては流れ去るだけのものとされた。与えられる印象は人々の意識の上で観念となり、「連合」と呼ばれる関係で互いに結びつけられる。だが、印象を純粋に印象として考える限り、それは人々の意識に与えられてはそのまま流れ去るものと見なされる。意識による加工が施されない「経験」は、そこでその都度その都度流れ去るものとされたのである。

カントによればしかし、流れ去る感覚的印象を、単に「流れ去るもの」と見なすことのうちにも、すでに各人に共通した認識の構造が認められるという。それぞれの人に与えられる感覚(=「直観」)は、確かにヒュームのいうように、そのままではとりとめもなく流れ去るものであるだろう。だが、それが人間の意識の上で、「一筋の流れ」として認められる限りにおいて、そこにはすでに、流れ去る感覚をひとつの意識の上にまとめあげる作用が働いている。その都度与えられる感覚が、単に「消え去る」のではなく、連続した時間の上に「流れ去る」ものであるとするならば、そこには「統覚」と呼ばれるまとめあげの作用がすでに働いているといえるのである。その作用はまた、およそすべての人間において同じ働きをなしていると考えることができるのだ。

このようなかたちで、人々に共通した認識の構造を示すことでカントは、ヒュームにおける経験の相対性を乗り越え、「客観的真理」が認識される可能性を示そうとした。人々に与えられる経験は様々であったとしても、それがまさに「経験」として、人々の意識のうちに積み重ねられるものである限り、そこには、すべての人間に共通の認識の作用が働いている。こうした「統覚」の存在は、実際、それ自身経験によって確かめられるものではないが、かといって超越的な独断によって下されるものでもない。それはむしろ、「経験」を「経験」として成立させるために不可欠なものである。経験的事実によって確かめられないものながら、経験を経験として可能にするための条件となっているものの存在様態を、カントは「超越論的」と呼ばれる仕方で形容したのである。

カントは人々に共通した真理を確保するために、右の「統覚」に加えて「カテゴリー」と呼ばれるものを「超越論的」に規定している。「カテゴリー」という概念は、日本語には全くなじみのないものであるが、ごく簡単にいえば、人間が何かを判断する際に、どんな場合においても適用している認識の枠組みを示すものといってよい。人々に経験されるものは、それがどのようなものであったとしても､必ず「量」「質」「関係」「様相」というカテゴリーにしたがって認識されている。そのものが「量」においてどうであるか、「質」においてどうであるか、また「関係」や「様相」においてどうであるか。人々の認識はすべて、これらの共通した枠組みによって判断されているとカントはいうのである。

では「統覚」と「カテゴリー」、この二つを「超越論的」に規定することで、人々の間の客観的真理の可能性は確保されるのだろうか。実のところ、この問題はカント解釈において分かれる点であるのだが、少なくとも一定数のカント学者は、この時点ですでに「客観的真理」を確保できると考える。それぞれに経験する内容は異なるといえど、同じ認識の枠組みを共有している以上、人々の経験の積み重ねは、一定の妥当な枠組みのうちに収束すると考えられる。積み重ねられた経験は、新たに認識される対象に対して「可能性の諸制約」[Kant:KrV,A158/B197] を与え、人はその制約された可能性の中から対象についての判断をなす。人間の判断は、その都度常に多様な可能性に開かれているのではなく、積み重ねられた経験によってあらかじめ縮約された可能性のうちで下されるのである。人々がそれぞれ、各人の経験の積み重ねによって、認識の可能性の枠組みを精緻化していくのだとすれば、時々に誤謬を重ねながらも、それらはやがて互いに認め合うことができるような妥当な枠組みに収まるはずである。人それぞれの経験に基づく判断は、しかし、「超越論的」に示された認識の枠組みを共有することにおいて、やがて対象の「客観的実在性」[ibid.] の認識へと近づいていくと期待されるのだ。

だが、こうした可能な経験の枠組みの精緻化は、それぞれの人によって認識される「客観的真理」の同一性を保証するものではない。カントが語る「客観性」は、積み重ねられた経験によって形成される枠組みに矛盾しないことを意味するだけで、それぞれの人にとっての「客観的真理」が同じものであることを保証するものとはなっていないのである。実際、ひとつの認識の枠組みの中で無矛盾な判断が、平行して異なる認識の枠組みにおいて同様に無矛盾な判断と、互いに矛盾するということは十分にありうる。ある判断が、自らの可能な経験の枠組みにおける「客観的実在性」を持つものだとしても、平行する別な枠組みでの「客観性」と対立することは十分にありうるのである。例えば、「六八＋五七＝一二五」という数学的判断は、同じ数学的規則に準じて判断する人々にとっては、いかようにも疑い得ない「客観性」をもつと見なされる。「＋」という記号を「プラス」と読み、「六八＋五七＝一二五」という判断をなすことは、疑いようのない「真理」を示していると考えられるのである。ヒュームの徹底した認識批判の中で、カントが救い出そうとしたのもまた、こうした数学的判断の「客観性」なのであった。

だが、この例を持ち出してクリプキが示したことは、このように揺るぎない「客観性」を持つように見える数学的判断もまた、平行して異なる可能な認識の枠組みにおける「客観的真理」と対立しうるということであった。「＋」を「クワス」と読み、「客観的」に正しい答えとは「六八＋五七＝五」であると主張する者に対して、加算の規則を共有する人々は、その「論理的矛盾」を証明することができない。[49] 平行して異なる経験の枠組みにおける「客観的真理」は、互いに対立してなお、それぞれの「客観性」を保ち続けるのである。可能な経験の枠組みの精緻化によって確保される「客観的実在性」は、それだけでは、単なる「相対的な客観性」以上のものを示していないことになるのだ[50]。

カントにおいて、人々に共通した「客観的真理」が保証されるためには、それゆえ人間の認識能力（＝悟性）についての議論の枠組みを越えて、「理性」の機能を考慮にいれる必要がある[51]。理性とは、第一章で見てきたように、西欧の思想の伝統において、例えばストア派が世界の秩序とみなし、キリスト教が救済のロゴスとし、近代において自然の法をしめすものとみなされてきたものだったが、経験主義の洗礼を受けたカントにとってそれは、まずもって批判の対象とされるべきものであった。経験に基づかず、超越的に語られる傾向をもつ理性の機能を、その独断的使用からいかに切り分けるか。『純粋理性批判』という書名にかけられたカントの企図は、その点にあった。そこではしかし、理性の機能はまるごと切り捨てられるものではなく、むしろ、人々の認識の相対性を最終的に補完するものとして、「超越論的」に救い出されることになる。

理性は、カントの文脈において、経験的な内容をすべて取り去った純粋な概念だけを対象に行われる推論能力を示すものとされる。例えば、三段論法のような論理的推論は、そこで扱われる命題が、実際にどのような具体的な経験に基づくかということに関わらず、純粋に論理として妥当する。「すべての人間は死すべき存在である」（大前提）が成立し、そこでもし「ソクラテスは人間である」（小前提）とするならば、「ソクラテスは死すべき存在である」（結論）。

このような推論の展開は、純粋な論理によってのみ進行し、「人間」や「ソクラテス」とされるものが具体的経験において実際どのようなものであるかと切り離して論じられる。仮にもし、ここで「ソクラテス」という語で示されるものを、哲学者ソクラテスの言動とその後の歴史における彼の影響力を含めた全体を指し示すものとみなし、その意味での「ソクラテスは死すべき存在ではない（＝永遠である）」といえることなどを反例として挙げたとしても、右の推論の正しさが損じることはまったくない。三段論法の正しさは、大小二つの前提をおいた場合の推論の妥当性を示すものであり、そこで用いられる概念がどのような経験的内実をもつかということからは完全に切り離されているのである。

だが、まさにこのように経験的な事実に基づかず、純粋な概念だけで正しい推論を展開することで理性は、形而上学的独断に陥る可能性を含むことになる。純粋な概念によって構築される体系的秩序は、いっさいの経験から切り離されながら、なお体系内の推論の正しさによって、動かしえない妥当性を持つことになるのである。カントによる「純粋理性批判」とは、このような形而上学的独断に陥る可能性をもつ理性の機能を批判的に検討することを目的とするものであった。

理性による様々な「誤謬推理」を批判的に検討した後にカントは、しかし、最後に「独断的」ではない理性の使用について語る。カントによれば理性は、それが単に「統制的」に使用される限りでは、むしろ不可欠な能力だとされるのである。経験に基づかず、単に「理念（イデア）」として規定される概念体系は、そのようなものが存在するかのように見なされることで、「人々の認識能力（＝悟性）のすべての規則の方向線」が「一点に向けて合流」［Kant:KrV,A681/B709］させられる［cf.Kant:KrV,A681/B709］［浜田、75］。「この一点は、なるほどただの理念（虚焦点）にすぎない、つまり、この一点は完全に可能的経験の限界の外側にあるため、諸々の悟性概念が現実にそこから出発するわけではないものであるけれども、にもかかわらず、これらの悟性概念に対して最大の拡張と並んで最大の統一を付与するのに役立つ」［ibid.］。理性は、こうして、人々の認識能力の相対性を一点に向けて収斂させる限りにおいて、単なる「独断」とは異なる「超越論的」な機能をもつことになる。人々の間に共通した「経験」を可能にする役割を担うことにおいて、理性は「超越論的」に必要不可欠なものとして要求されることになるのである。

右にみたように、人々の認識能力によって構築される可能な経験の枠組みは、それぞれの認識においてそれぞれの「客観的真理」を見出しながら、必ずしも同一のものに重ね合わされることはないのであった。数学的真理と呼ばれるものもまた、構造内的な整合性によって規定されるだけで、平行して異なる構造の存在を排除することはできなかった。平行して異なるそれぞれの認識の枠組みが、なおひとつに重なり合うためには、虚焦点としての理念が存在するかのように見なされなければならない。「認識能力のすべての規則の方向線」が「合流」するために、理性の機能が必要とされるとカントはいうのである。

2 カントにおける道徳と自由

こうして人々それぞれの認識を、ひとつの理念のもとにまとめ上げる理性の機能は、カントによれば、実践の場面において、人々の行為を道徳的秩序へと合致させるものとして作用することになる。人はそれぞれ各人の「自由」において行為するが、しかし、その「自由」な行為は、同じひとつの理性のうちにあることにおいて、道徳的な調和を実現すると見なされるのである。

認識の構造を論じる場面において「超越論的」な仕方で厳密に規定された事柄は、しかし、道徳論として展開されるにあたって、どのような理路を辿るのか。「自由」な行為による道徳的秩序の実現の構造は、「経済」における無意識的な欲望の調和の謎を明るみに出すことになる。

カントの道徳論は、それぞれの個人が、自らの行動の原則として、それぞれの「格率」を規定するところからはじまる。自らの行為に一貫した規則を確立するにあたって、ひとはまず、各人各様の行為原則を立てると考えられるのである。「たとえば、あるひとは、いかなる侮辱にたいしても、復讐することなしに忍従したりはしない、ということを自分の格率にすることができる」[Kant:V,19]。だが、そのような行為規則は、そのひとにとっての格率であっても、それを他の人々へと直ちに普遍化できるものではないだろう。ある人が自分自身にとって一貫した行動原理を確立しえたとしても、そのことは他の人々に普遍化可能なものではない。各人の行動原則は、各人にとって相対的なものであり、それだけでは同じひとつの枠組みの中に調和するものとは考えられないのである。

だが、各人の格率を直ちに普遍化できないということは、そこに普遍化可能性がまったく存在しないということを意味しない。確かに、「自由」と呼ばれる概念を、無意識的なものも含めて一切の外的な力からも解放されてあることとして理解する限り、格率の普遍化可能性は望み得ない。だが「自由」という概念は、そのような野放図な行為可能性としてしか理解できないものではない。カントによれば、直ちには普遍化可能ではない各人の格率は、しかしそれでも常に普遍化を目指すものと見なされる。自らの意志の格率が、常に同時に、普遍的立法の原理として妥当しうるように行為せよ。「定言命法」と呼ばれる道徳法則の定式は、カントによれば、各人がそれぞれの意識において格率を構築する際にすでに適用されていると見なされるのだ。人間の「自由」とは、まさにそうして、ひとが道徳法則へと合致するように行為しようとすることの中にあるとカントはいうのである。だが、そのときの「自由」とは、実際どのようなものでありうるのだろうか。

自由と秩序の調和

実際のところ、この点についてのカントの説明は、それほど判明なものではない。カントは、人が自らの格率を普遍化可能なものを目指して設定するということを、まずは単に「理性の事実」と断定して議論を終えている。この「事実は、いかなる経験的事実でもなく、純粋理性の唯一無二の事実である」［Kant:V,31］といいながらカントは、それを経験的な実証を抜きに、理性において確認されるものと言い切っているのである。それは、「感性界のあらゆる所与や、およそわれわれの理論的理性使用のおよぶ範囲からはまったく解明不可能な事実」［Kant:V,43］であるが、しかし、「理性はこの事実を通じてみずからを根源的に立法的なものとして告げ知らせる」［Kant:V,31］。人間の道徳法則への準拠は、カントによれば、人がおよそ理性的存在である限り、いいかえれば、同じひとつの理性のもとで共通の認識を行いうるものである限り、端的な「事実」として示されるというのである。

一見するところここでカントは、認識論の場面で存在するかのようにみなされた理性の機能を実体化しているように見える。共通の経験が可能となるためのものとして超越論的に要請された理性の機能は、実践が問題となる場面において、人々の行為を超越的に規定するものとして用いられているように思われるのである。道徳法則への準拠が、経験的な根拠もなく、端的な「事実」として人々に押しつけられるのだとすれば、それは、カント自身が批判していたはずの理性の独断的使用以外の何ものでもないことになる。調和的な道徳的秩序を超越論的に示そうとするカントの試みは、その根拠を「理性の事実」に帰そうとする限りにおいて、頓挫しているようにも思われるのである。

だが、カントにおけるこの見かけ上の困難を解きほぐすものが、他ならぬ「自由」の概念であった。ひとは自らの「自由」において、自らの行為を道徳的秩序へと合致させようとするのであり、そこには自らの意志以外のいかなる強制力もはたらいていない。人が自らの意志のみに基づいて道徳法則へ準拠するとするならば、「理性の事実」を語るカントの議論はなお「独断性」から遠ざけられることになる。実際カントは、人が現に「自由」であるということこそが、『純粋理性批判』の枠組みにおいて単に「かのように」示された理念的秩序が存在することの「証明」となっているという。「思弁理性においては単なる理念として支えどころをもたなかった他のすべての概念（神と不死についての概念）も、いまや自由の概念と結びつき、自由の概念とともに、自由の概念によって拠りどころを獲得し、客観的実在性を獲得する。すなわち、これらの概念の可能性は、自由が現実的であることによって証明されるのである」［Kant:IV,4：強調はカント］。人々に共通した客観的真理を担保し、人々の行為の道徳的調和を保証する理性の存在は、人が現に「自由」であることによって、証明されるとカントはいうのだ。

　だが、このような議論自体が、ひとつの独断的な強弁とも見なされよう。人々は自らの「自由」によって道徳法則に従うとすることで、見かけ上の独断性が回避されたとしても、そのような人の「自由」な行為自体が、「理性の事実」として断定されるのだとすれば、議論は循環をしているように見えるのである。

　カントによれば、しかし、このような循環は単なる見かけ上のものでしかない。「自由は道徳法則の存在根拠であるが、道徳法則は自由の認識根拠である」［Kant:V,4n］といわれるように、互いに互いを根拠として求めているように見える議論は、異なる仕方の根拠づけであるとされている。つまり、人々が「自由」であることによって、道徳法則が存在することが証明されるが、他方、人々が実際に「自由」であることは、道徳法則を介して知らされるとカントはいうのだ。「自由」と道徳法則の間の相互の根拠づけは循環ではなく、異なる仕方で関係し合う相互性であるとカントは主張しているのである。

さて、このように高い抽象度で展開されるカントの議論が、実際どのような仕方で「自由」と道徳的秩序の調和をめぐる問題を「解決」しているかは、直ちには判然としない。[52] カントにおいて非常に特異な仕方で定義されている「自由」という概念に、その解決が賭けられていることは明らかでも、その「自由」が実際どのようなものであるかが、容易には理解されないのである。事柄の構造を理解するためには、それゆえ、カントが具体例として提示するものへといったん立ち返る必要がある。次にみる偽証の例は、すでに哲学の歴史の中で様々な議論の対象とされ、それ自体よく知られるものであるが、そこには、問題とされている事柄の構造を解きほぐす具体的な鍵が示されている。

即刻の死刑という威嚇のもとに、ある誠実な人物を貶める偽証が要求される場合を考えてみよう。そのとき、ひとは、自らの命の危険の中にあってなお、「嘘をついてはならない」という道徳的規範の存在を意識することができる、とカントはいう [cf.Kant:V,30]。実際確かに、命を奪われるかどうかということは、彼がいま現におかれている経験的な状況において、極めて大きな問題を投げかけるものといえる。カントも認めるように、その中で実際彼が偽証を拒否しえるかどうかということは、「おそらく彼もあえて確言できない」[ibid.]。しかし、そのような経験的な場における制約がどのようなものであれ、そこで「嘘をついてはならない」という規範が普遍性をもって妥当することは、端的に理解されるとカントはいう。ひとりの理性的存在者として、普遍的に妥当する行為規範に従うことを、彼は自らの「自由」において意志しうることに気づくとされるのである。その道徳法則への意志は、自らの命という経験的制約からさえも逃れて、普遍的に妥当する理性の秩序へと向けられることにおいて、純粋な「自由」を得ている。あらゆる経験的制約から逃れて「自由」である行為が可能であることに、人はそこではじめて気づくとカントはいうのである。先に、道徳法則が「自由」の認識根拠となるといわれていたことは、このような「気づき」を指すと理解される。

一定程度の説得力をもつと思われるこうしたカントの情熱的な語りには、しかし、なおあらかじめ特定の理念的な枠組みが前提とされている。「嘘をついてはならない」という規範は、確かにひとつの道徳法則として、普遍化可能なものといえるだろう。自らの命という最大の経験的制約をも越えた高みから到来する普遍的な法は、その崇高さにおいて比類のないものと見なされる。だが、そのような高みにあるものだけが普遍化可能な格率であるわけではない。経験的なものから離れる度合いに差があるとはいえ、例えば、彼が偽証を拒否して死ぬことで残される者たちに降りかかるかもしれない新たな制約、彼が生きている現実の因果関係の網の目を辿って容易に予想されうる事柄を考慮して、彼が偽証することを選択することも、ある種の「普遍性」を獲得しうる。取り立てて罪のない親族を巻き込んでなお、経験的事象から独立した「永遠性」に与することは、結局のところ彼自身の観念的な満足を与えるだけなのではないかという判断も、「嘘をついてはならない」という道徳法則と対立しながらも、平行して同時に、普遍的立法の原理として妥当しうるものであるように思われるのである。

カントはしかし、そうした異なる普遍化可能性をあらかじめ排除し、「嘘をついてはならない」ことのみを道徳法則として妥当な行為と見なしている。カントにおいては、別様なかたちで普遍化可能性をもつ行為が他にありうるかどうかということは最初から検討の対象とはなっておらず、あらかじめ想定される理念の妥当性を示すことが目的とされているのである。だが、このようにあらかじめ特定の道徳法則を理念として前提とすることが、カントの議論の枠組みに矛盾するものであるかといえば、そうではない。そのことはむしろ、カントの理論の構造をそのまま反映したものと考えることができる。というのも、カントにおいて理念とは、まずは単に「可能なもの」として、存在するかのように見なされるものであった。その限りにおいて、「嘘をついてはならない」という道徳法則もまた、単に「可能なもの」のひとつとして単に想定されるにすぎない。カントが特定の法則を前提に議論を展開するとしても、そのことは、カントが自らの独断によって理念を実体化しているというよりもむしろ、ひとつの可能な理念を存在するかのように想定するという理論的な枠組みをそのままに実践していることだと考えることができるのである。

だが、このように単に「可能なもの」として提示される道徳法則が、「自由」の認識根拠として機能することで、その理念に即した行為の可能性を人々に告げることになる。そこで想定される理念は、実際、平行して可能ないくつかのうちのひとつにすぎない。だが、それは、兎にも角にも理念として存在するかのように見なされることで、人々に「自由」な行為の可能性を認識させる。未だその「存在」を確かなものとされていない「可能な」理念は、しかしそれでもひとつの理念として、人々の「自由」な行為の認識根拠となるのである。

単に「可能なもの」であるにすぎなかった理念は、それによって「気づき」を得た人々の「自由」な行為を実際に導くことで、「客観的実在性」を獲得することになる。理念的に規定されるだけであった道徳法則を認識根拠として、人々が現に「自由」な行為をなすことが、その道徳法則の「存在」を証明するのである。人々の「自由」な行為が、道徳法則の存在根拠となるのは、その限りである。認識論においては単に可能なものにすぎなかった理念的秩序は、こうして、人々の実践によって「理性の事実」として認められるのである。

このように考えるならば、カントにおいて道徳的秩序へと調和する人々の「自由」な行為は、論理の必然的な展開として見出されるものではなく、想定された理念への跳躍として認められるものであることになるだろう。単に「可能なもの」として想定されるものを存在するかのように見なし、人々が共にその理念的な秩序に合致する「自由」な行為をなすことは、論理的な飛躍としてのみ現出するのである。

では、そのように論理的には不確かな事柄が、なおあえて引き受けられるのは、なぜなのか。ひとが特定の可能な理念を論理を飛び越えて実体化していく構造を明らかにする必要がある。

第三節　理念への跳躍とその欺瞞――カントと経済学

こうしてカントによって「超越論的」に記述された道徳的秩序の調和の構造が、これまで本論で見てきたような「経済」と相似形をなすものであることは、比較的容易に見てとれる。「経済」へ参与する人々は、その中に自らの欲望を接続することにおいて、無意識的な仕方で体系に調和的な行為をなすよう導かれた。外的な視点から見れば「欺瞞」とみなされる「経済」のうちでの人々の行為は、しかし、構造内的必然性によって規定されている。人々はそのような必然性に従って行為することで、「経済」と呼ばれる体系的秩序が現実的なものとして維持されていたのである。

セイの法則を理念として打ち立て、唯一の同じ実体としての価値を共有する「経済」の拡張の論理を示していた古典派経済学も、資本という「富と名声」のイデアによって人々の欲望を喚起し、人々の「自由」な行為を他者の欲望に合致するように導く近代経済学も、異なる仕方ではあれ、「経済」と呼ばれるべき「可能な理念的秩序」の体系を前提にするものであった。可能な理念へ向けた人々の「自由」な行為がその理念的秩序に「客観的実在性」を与えるカントの理論は、その限りにおいて、「経済」と呼ばれる体系的秩序の構造を「超越論的」な仕方で示すものであったといえる。

だが、このようなカントの道徳論と経済学との相似性は、そのまま同一性を主張できるものではない。むしろそれぞれの専門の解釈の枠組みに従う限り、両者の差異は決して埋められないと考えられる。すなわち、（1）経済学においては人々の欲望の無意識的な規定が問題とされたのに対して、カントにおける「自由」な行為は明示的な意志として道徳法則へ準拠するものとなっており、その限りで経済学において問題とされていた「欺瞞」の要素がないと考えられること、また（2）カントにおける道徳法則への準拠は、経験的な制約からの「自由」が問題となっているのであって、人々の「欲望」が「自由」な行為の動機となるとは考えられないこと、こうした点において、カントと経済学の間の差異は決定的なものと見なされるのである。だが、それぞれの専門的な知の枠組みに準拠して明らかとされるカントと経済学の差異は、しかし、その見かけほど自明なものではない。以下、（1）（2）として挙げた問題を順番に、検討していくことにしよう。

カントにおける道徳的秩序と「経済」の同型性について

カントにおける「自由」な行為は、道徳的秩序へ参入しようとする者の明示的な意志によるものであり、「経済」の構造において問われたような「自然の欺瞞」とは区別されるように見える。

無意識のうちに規定される人々の欲望が、「経済」として想定される理念的な体系の調和と発展を実現する構造は、外部的な視点からは「欺瞞」と見なされうるものであり、人々が明確な意志によって志向しうるものとは考えられないように思われるのである。

だが、可能な理念として想定されるものへの跳躍には、「欺瞞」の介入する余地はないのだろうか。可能な理念によって動機づけられた人々の意志が、それ自身、外部的な視点から見て「欺瞞」と見なされうる可能性はないのだろうか。カント研究者のアリソンが指摘するように、「そうした〔理性的存在者として「自由」に行為する〕能力を所有すると信じる際に、私たちが欺かれているかもしれないという可能性を、カントは開いたままにしている」[Allison,44f.]。[53] 人々が自らの「自由」において理念へと跳躍するとき、人々にそのような「自由」な行為の可能性を認識させる道徳法則が、それ自身人々を「欺いている」可能性は、なお残されているといわなければならないのである。道徳法則への服従が、自らの「自由」な意志によってなされるとしても、その意志の形成自体に「欺瞞」が含まれる余地はなお残されている。可能な理念への跳躍は、経験的な事実に基づかず理念的体系の構造内的な必然性にのみ準拠する限りにおいて、外部の視点から見て「欺瞞」と見なされる可能性を持っているのである。

同様に、可能な理念を志向する人々の意志を、彼らの欲望と区別することは、見た目以上に困難である。カントにおいて道徳法則に従った人々の「自由」な行為は、一切の経験的な制約を離れてなされるものであった。普遍的な妥当性をもつ行為は、人々がそれぞれの欲望に支配される限り不可能であり、「自由」はただ純粋な意志によって可能となるとされたのである。カントは、「自愛の原理」〔Kant:V,27〕によって自らの格率を規定することを禁じ、道徳法則への意志が、欲望の対象となる経験的なものへ縛られることを拒否した。人々が自らの欲望に従って意志を規定することは、カントによれば、道徳法則の普遍化可能性から離れ、「理性」の秩序へと合致しようとする「自由」な行為とはなりえないとされたのである。

だが、カントにおいて道徳法則に積極的に服従しようとする「意志」もまた、それ自身、人々の欲望の形態のひとつとされていることに注意をする必要がある。[54]「意志」とは、すすんで道徳法則を引き受け、理性的秩序へと合致しようとする「欲望」であり、ひとはその「欲望」に導かれるからこそ、単に理念的に設定されるだけの理性的秩序への跳躍をなしえた。カントによって否定されているのは、その限りにおいて、特定の様態における欲望のみであることになるのである。

他方「経済」において問題とされていた人々の欲望は、必ずしもカントが道徳法則から排除したような「自愛の原理」によって動かされるものではない。アダム・スミスにおいて「完全で幸福な状態についての抽象化されたイデア」〔Smith:TMS,I.iii.2.2〕に導かれる人々の「自由」な行為は、それぞれの個人的な「欲望」を満たそうとするものであるよりもむしろ、共有される「イデア」の実現へと向けられるものであった。「自然の欺瞞」によって欲望を喚起され、自らの「自由」によって行為する人々は、直接的な対象による欲望の充足をあえて排除し、秩序が秩序として形成される過程自体に満足をおぼえるものであったのだ［cf.Smith:TMS,IV.1.8］。人は、欺瞞的に設定された理念を実現するために、そうでなければ享受しえたはずの快楽をすすんで投げ捨てる。人々の欲望は、そこでは、自らの快楽を求めるものではなく、必ずしも報われることのない「イデア」の実現に向けて方向付けられるものだった。自然の欺瞞的秩序において、「我々のあらゆる欲望の最終的な対象（final object of all our desires）」［Smith:TMS,I.iii.2.2］とされた「イデア」を目指す欲望は、その限りにおいて、行為者を個別的な経験の対象に縛りつけるものではなく、普遍化可能な理念の実現へ向けて人々を動機づけるものであることになる。「経済」において問題とされる欲望は、それ自体、理念の実現へと向けた人々の「自由」な行為を導くものなのである。

そもそもカントにおいて「ひとはみな自らの欲望の充足を求める」という格率が、それ自身、十分に普遍化可能性に開かれた［cf.Kant:V,28］ものとされながらも、唯一の「例外」［cf.ibid.］として道徳法則から排除されたのは、それが経験的対象に縛られる「自愛の原理」に基づくからであった。それが普遍化可能なものであっても、欲望が経験的な対象に縛られる限り、道徳法則とはなりえないとされたのである。だが、可能な理念への意志が、いかなる外的な強制力からも離れ、その者自身の「欲望」に基づくものと見なされるのと同様に、「経済」において喚起される人々の欲望もまた、経験的な対象から切り離された理念へと自らを積極的に従わせようとするものとなっている。経験的な対象への束縛という点でカントの超越論的な道徳的秩序を「経済」から切り離そうとすることは、見た目以上に困難なものだといわなければならないのだ。

だが一点、それでも両者を切り分ける論点があるように思われる。本論ではこれまで立ち入ってこなかったが、カントにおける道徳法則は、「嘘をついてはならない」などの具体的な内容が例示される一方で、一切の内容を捨象しても形式的に適用可能なものとされていた。あなたの意志の格率が、常に同時に、普遍的立法の原理として妥当しうるように行為せよ、という定言命法の形式は、それがあてはまるものすべてを道徳法則として可能なものとしていたのである。「経済」において人々の「自由」な行為を導く理念が、常に何らかの特定の具体的内容を含むのに対して、カントの道徳法則は、単に形式的に規定されうるものとみなされる。カントの道徳的秩序は、共通の理念の設定自体に関わる経験的な規定すらも排除することにおいて、「経済」において問題とされた「欺瞞」の構造から区別されうるように思われるのである。

この論点は、しかし、両者の差異を示すものであるというよりもむしろ、両者に共通した「欺瞞」の構造の特異性を浮かび上がらせる。道徳法則の形式性は、「単なる可能な理念」が理念として成立するための条件と見なされるが、それが現に人々の「自由」な行為を規定し、「客観的実在性」を獲得する際には、常に一定の具体的な内容を含むものとして、可能な諸理念のうちから選び取られる。定言命法における普遍化可能の形式を満たすもののすべてが、それぞれに可能な理念として妥当しうるとしても、同じ形式を満たして互いに対立する平行的な理念的秩序が選び取られる際に、それらのすべてが同時に現実化することはない。カントが道徳法則の具体例として示す「嘘をついてはならない」という法則もまた、極めて具体的な内容によって人々の行為を規定しながら、他の普遍化可能な理念に即した行為を排除して成立するものだったのである。ひとつの可能な道徳法則が、定言命法の形式に従って設定されうるとしても、それだけでは単に理念的なものにとどまる。すでに見たように、ひとつの可能な理念として見出される道徳法則は、実際の人々の「自由」な行為によって「客観的実在性」を獲得しない限り、自らの存在を「証明」することはできないのである。

だとすれば、「経済」と呼ばれる構造が、常に何らかの具体的な内容をともなって人々の行為を導くことは、それによって道徳法則の純粋な形式性が犯されていることを意味しない。むしろそれは、可能な理念として設定されたものが、現に「客観的実在性」を獲得して機能している例と見なされるべきだろう。単に普遍化可能な形式を満たすものとしてであれば、様々に可能な理念が設定されうる。それらのものは、自らの純粋な形式性を保つ限り、単に「可能なもの」でしかない。「経済」として現に機能しているものは、それに対して、人々の欲望を実際に喚起し、人々の「自由」な行為によって、理念として設定されたものを現に実現しているのである。「嘘をついてはならない」というカントの理念が、実際に人々の「自由」な意志を喚起し、「客観的実在性」を得るに至ったかどうか定かではないが、「経済」の構造において機能する理念は、現に人々の「自由」な行為を規定することにおいて、疑いなく現実化している。

カントの道徳的秩序を、その形式性において「経済」から切り分けると思われた論点は、その限りにおいて、そのまま、単に可能な理念が「客観的実在性」を得るに至っているかどうかの指標となっているのである。

このことは裏を返せば、今日において現に機能していると確かめられる「道徳的秩序」が、「経済」の他にないということを示している。もちろん、宗教的な規範や市民道徳も含めて、人々の行為を実際に律するものは多様である。様々に絡み合った行為規範のあり方を一元的に語ることはできないだろう。だが、様々にありうる可能な理念が、現に普遍化可能なものとして人々の行為を規定し、「客観的実在性」を獲得するに至っているのは、今日「経済」を除いて他に数えることが困難であるように思われる。

そもそもカントにおける道徳的秩序の探求は、宗教的な枠組みにおいて独断的に課される規範から離れて、いかにして構造内在的な道徳を語りうるかを問題とするものであった。神学的枠組みから独立して語りうる道徳を示すことは、近代の思想家たちにとっての共通の課題であった。その限りにおいて、近代の世俗化を経てなお、様々な仕方で現出する宗教的な言説は、少なくとも理論的な枠組みにおいては、あらかじめ「普遍化可能性」の範囲を限定するものと見なされる。また、カントの理論的な枠組みから導き出される可能な理念のいくつかは、その崇高さにおいて人々を惹きつけ、限定的な仕方で「客観的実在性」を獲得しているとはいえ、人々の「欲望」に対する訴求力の点で「経済」の構造に比することはできない。「経済」は、カントの理論的な枠組みから導き出される「可能な理念」の中で、突出した「客観的実在性」を獲得するに至った構造ということができる。人々の欲望を喚起し、外部の視点から見て「欺瞞」と見なされるような構造的必然性において人々の行為を導く「経済」は、独断的根拠から逃れて超越論的に規定され、かつ現に人々の「自由」な行為によって実現しえている、ほとんど唯一の構造であると考えられるのである。

だが、「経済」と呼ばれる構造において機能している「道徳」とは、実際どのようなものであるのだろうか。本章の最後に、「経済」における規範性の具体的なあり方を見ることにしよう。

メディアと偶像

「経済」と呼ばれる構造は、どのようにして理念を提示し、人々の「自由」な行為を引き出すのだろうか。先にガルブレイスによって直截に指摘されていた「宣伝術」の機能を理論的に考察するために、ここでは、マクルーハンの議論を参照することにしよう。「メディア」と呼ばれるものは、マクルーハンの理論的な枠組みによれば、人々に「普遍化可能性」に開かれた秩序の存在を認識させ、そこに合致しようとする人々の欲望を喚起する機能とされる。マクルーハンによれば、メディアとは、人々がそれを媒介に自己を「社会意識」へと拡張する手段であるが、人々は自ら進んでメディアに接続することで、「自己」を捕えられることになる。

彼らの偶像は白銀と黄金にして、人の手のわざなり。その偶像は口あれどもいわず、目あれども見ず、耳あれども聞かず……喉より声をいだすことなし。これを創るものと、これに依り頼む者は、みなこれ〔偶像〕に等しからん。(旧約聖書、詩篇一一五)

……詩人ブレイクは、この詩篇の考え方を、コミュニケーションと社会変化についてのひとつの完全な理論として発展させた。……ブレイクによれば、彼ら〔偶像崇拝者〕がもっていたのは、「人間の中にある理性の力という亡霊」であり、それは、断片化されて、「想像力から切り離され、あたかも鋼鉄の中に自らを封じ込めている」ものなのである。[McLuhan,45f.]

ここでマクルーハンは、メディアの構造を、詩篇に描かれた偶像崇拝と「理性」という「亡霊」の機能を重ね合わせたブレイクを引きながら論じている。「偶像」は人間たちによって作られるものであるが、偶像を作る者も、それを崇拝する者も、外部からの視点を決して入れないことにおいて、偶像として祭り上げられるものと一致している。「目あれども見ず、耳あれども聞かず、喉より声をいだすことのない」偶像の姿は、自らが属する構造の内に閉じこもる崇拝者のあり方そのままを写している。ブレイクによれば、「理性」という理念を信じ、その「亡霊」に自らを重ね合わせる近代社会の「コミュニケーション」もまた、自らの内部に閉じこもることにおいて、全く同じ働きをなしている。「存在」が確かではない「理性」という「亡霊」を信じて疑わず、自らの行為をそれに合致させることで、単に理念としてあったものの「客観的実在性」を認める社会は、偶像崇拝の自己閉塞と同じ構造を持っているとブレイクはいうのである。

このように、外部的な視点からみれば「欺瞞」の可能性を持つ理念的秩序を構造内的な必然性を持つものとして映し出す機能こそ、メディアが担っている機能だとマクルーハンはいう。メディアは、その機能によって「社会意識（social consciousness）」［McLuhan,47］と呼ばれるものを映し出すが、その「社会意識があればこそ、われわれは罪悪感をもつ」［ibid.］。メディアを媒介として自己を「社会意識」へと接続する者は、自らの行為の是非を、構造内的な必然性によって規定されるメディアという「社会意識」によってはかることになるのだ。そこには、構造内的な普遍化可能性によって規定される道徳的秩序の構造が見出される。「理性」という「亡霊」を信じ、自らの「自由」において道徳的秩序へと合致しようとする人々の行為は、理念が示す規範によってはかられるのである。

「経済」と呼ばれる構造が、人々の欲望を喚起し、単に理念的に設定されるものに「客観的実在性」を与えうるのは、こうして普遍化可能な形式によって「世界」を映し出すメディアの機能による。メディアは「人の手のわざ」によるものであるが、外部的な視点を入れず構造内的に規範を規定することにおいて、道徳的秩序としての機能を持ちうるのである。人々は、普遍化可能な形式において自らを照らすために、メディアによって示される規範に自らを適合させる。人々の欲望が、同じひとつの「経済」の中に参入し続けることができるのは、そこに普遍化可能性を開くメディアが共有されているからなのである。

だが、人々の行為の「適切さ」が、そうして構造内的にのみ決定されるのだとすれば、そこには常に原理的な「危機」の可能性が内包されることになる。外的な視点から見て「欺瞞」と判断される事柄も、構造内的に規定される秩序に合致するかぎり、どこまでも妥当なものと見なされる。人は常に構造内的に是認される規範に従って行為することを求められるのであり、「外的な視点」から事柄の是非を示したとしても、それは、構造内的な必然性に基づかない「独断」としてしか機能しない。マクルーハンによれば、次にみるナルシスの神話の構造は、構造内的な必然性に自己を捕らえられる者の危機を示しているとされる。鏡に映った姿に自己を捕らえられるナルシスの衰弱は、メディアによって自己を拡張する者の危機の姿をそのままに映し出すものだとマクルーハンはいうのである。

青年ナルシスは水面に映った自分の姿を、他人と見間違える。この鏡という手段によって成立した自分自身の拡張が、彼の感覚を麻痺させる。彼は拡張された自分、あるいは反復されたイメージの隷属機構（servomechanism）と化す。……彼は自分の拡張に自分を適合させ、密着してひとつのものになってしまったのである。この神話のポイントは、人間は、自分以外のものに拡張された自分自身にたちまち捕らわれてしまうということである。

[McLuhan,41]

ここでマクルーハンがナルシスの神話に見ている構造が、「ナルシシズム」という概念で通常語られる事柄と直ちに一致しないことに注意する必要がある。一九世紀末から二〇世紀初頭にかけて性的倒錯のひとつとして記述されたナルシシズムは、精神病理学の規定を超えて、「自己愛」という曖昧な概念として一般に浸透している。精神病理学あるいは精神分析の分野でこの概念がどのように用いられてきたか、詳しく見る余裕はないが、[55] マクルーハンにおけるナルシスは、鏡に映った「自分」を愛するのではなく、鏡に映った自分を「他人」と取り違えることで悲劇の構造の中に取り込まれている[cf.ibid.]。ナルシスは水鏡に映った自己の姿を、「他人」と見間違えて欲望の対象とすることで、そこに捕らわれるのである。

水鏡に映った「他人」の姿は、ナルシスにとって、自己を理想的なかたちで拡張させたものとして現れる。水鏡は、そこに理念として設定される自己を映し出すことにおいて、メディアとして機能する。水鏡というメディアに映し出された理想の姿は、現実の自己をそこへ重ねようとするナルシスの欲望を駆り立てるのである。眼前に理想の姿を見て自らをそこに合致させようとするナルシスは、しかし、自己の反復的な構造のうちに完全に捕らわれることになる。そこには、理想として映し出される「自己」と、そこに合致しようとする「自己」との間の閉塞的な反復があるだけで、ナルシスの目も耳も口も、その構造の外にあるものから閉ざされることになるのだ。

あらかじめ想定される理念的秩序へと合致するよう、人々の「自由」な行為を導く構造は、人々の欲望が、その理念の実現以外のものに向けられる道を最初から閉ざしている。同じひとつの「経済」に参与する人々は、同じメディアを共有し、構造内的な必然性によって規定されることで、外部的な視点から「欺瞞」と見なされる構造に「客観的実在性」を与え続ける。だが、自己の反復的な構造に捕らわれ、目も耳も口も閉ざしたナルシスは、幻影の喪失とともに、それまで注ぎ込んできた彼の欲望の総体を失う危険にさらされることになる。構造内的な必然性にのみ依拠し、人々がそこに参与する限りにおいて「客観的実在性」を保証される調和的秩序は、自己反復の構造が解消されるや否や霧散する危機の可能性にさらされるのである。「われわれの想像のなかで、秩序、規則的で調和的なシステムの運動、機構あるいはエコノミーと混同」された物事は、「何か偉大で美しく高貴なものとして映し出され、その達成は、投じられる労苦と懸念のすべてに十分に値するものであるように思われた」[Smith:TMS,IV.1.9]。だが、「経済」が「経済」として維持される限り見出されたその幻影は、構造内的な必然性が失われるや、形なく崩れ去ることになるのだ。

だが、そのようなかたちで自己の反復的な構造の中に捕らわれるのでなければ、人々の欲望は満たされないのだろうか。水面に映る姿に自己を奪われ、目も耳も口も閉ざしたナルシスが、その反復的な構造のうちに衰弱していく傍らには、自らの声を奪われ、ナルシスの言葉を反復するしかない「エコー」がいた。ナルシスにとっては自己の反復としてしか響かないその「声」は、ナルシスの認識の枠組みから排除されてなお、確かにそこに存在するものだったのだ。理念的に規定される秩序のうちに自己を捕らえられる構造とは異なる「経済」を描き出すことはできないのだろうか。構造的な危機をもたない「経済」の可能性を、本論の最後、「声なき声」の存在のうちに探っていくことにしたい。

第四章　声なき声の経済学

序論に見たように、アービトラージのトレーダーたちは、「別の投資家がそれを見つけたならば、必ずや同じポジションをとるだろう」という「確信」をもとに、単に「理論」としてしか描かれない行為をなしていた。現実における損失のリスクを十分に理解しながらも、トレーダーたちは、同じ教科書を参照する他のトレーダーたちの志向を「確信」することで、論理としては矛盾する行為をあえて進んでなしえることができたのである。理念に準じた彼らのそうした行為は、しかし、まさに彼らの行為によって、理論としてしか描かれないはずの「経済」を実現した。理論的に「同一」と見なされる商品の価値づけの差異をみとめて、そこに利益を得ようと買い急ぐ彼らの行為が、現実における価値の同一性を生み出したのである。経験から導き出される推論としては「跳躍」以外の何ものでもない彼らの行為は、それゆえ、ひとつの同じ可能な理念の実践としては、どこまでも正しいものとなっている。理念に導かれる彼らの「自由」な行為は、当の彼らの行為によって、単にひとつの可能な理念にすぎなかったものに「客観的実在性」を与えるのである。

だが、「経済」における人々の行為の正しさが、人々が同じひとつの可能な理念を共有することによってのみ確保されるのだとすれば、そこには原理的な「危機」の可能性が含まれることになる。ＬＴＣＭの破綻をきっかけとした通貨危機や、サブプライム・ローンへの過剰な「信」の崩壊が招いた金融危機は、「経済」に参与する人々の間の理念の共有が、いかに脆弱な現実の上にあるかを示す端的な例といえる。サブプライム商品の売買に関わっていた人々は、「個人」

としてその瑕疵に気づきながらも、「経済」全体における価値の揺るぎなさの前に、その認識を主観的な判断として捨て去らなければならなかった。人々の「自由」な行為によって現に「客観的実在性」を獲得している理念的秩序へと自らを合致させなければ、人々は実際に「経済」において利益を上げることができなかったのである。外部的な視点から見ていかに欺瞞的に見えたとしても、現に普遍的に妥当するものこそが、「道徳法則」として人々の行為を導きうる。「あなたの意志の格率が、常に同時に普遍的立法の原理として妥当しうるように行為せよ」。普遍化可能性の形式を満たし、現に人々の「自由」な行為によって「客観的実在性」をもつ「経済」の規範へと、個人の「主観的判断」を手放して服従することが、人々の欲望を実現するための唯一の可能性として示されるのだ。

　だが、そうして欺瞞の可能性を含んだ理念に、自らすすんで服従しなければ、人は自らの欲望を実現しえないのだろうか。囚人ゲームのモデルによって「確信の確信」に基づく論理の跳躍の構造を描いたラカンは、晩年、「四つのディスクール」と呼ばれる議論を展開する中で、理念への従属とは異なる社会構造のあり方を描き出した。形式的に普遍化可能な規範に自らを積極的に捕らえられることとは異なる方法で、人々の「欲望のエコノミー」を記述することはどのようになされうるのか。人々の無意識に機能する「欲望」と社会的な秩序形成との間にありうる「ディスクール」の可能性を、最後にラカンとともに検討していきたい。

第一節　ヘーゲル：主人と奴隷の弁証法

精神分析家のジャック・ラカンは、『セミネール』の一七巻に収められる、一九六九年からの講義において、ヘーゲルの「主人と奴隷の弁証法」を取り上げ直し[56]、晩年の思考の中核のひとつとなるディスクール論を展開した。コジェーヴの『精神現象学』についての講義に影響を受けた若きラカンは、「鏡像段階論」など最初期の理論から、主人と奴隷の弁証法をひとつの大きな理論的源泉としていたが、ある時期以降その限界を強調し、否定するようになった。しかし晩年、コジェーヴの死去と期を同じくして、一九六八年フランス五月の動乱の最中に、ラカンは再び、ヘーゲルの同じ議論を取り上げ、それまでとは全く異なる仕方で展開させる。以下、少し回り道とはなるが、ラカンが参照するヘーゲルの議論の内実を、少しだけ立ち入って見ておくことにしたい。

『精神現象学』のヘーゲルによれば、それぞれの個人は、「精神（Geist）」と呼ばれる共通の理念を媒介にしてはじめて、「自己」の意識を獲得するとされる。カント以後、その限界の乗り越えを目指すヘーゲルが、主人と奴隷の弁証法と呼ばれる議論で示そうとしたのは、人々に共通の理念がいかにして獲得されるのか、その「論理」を示すことであった。カントにおいては「超越論的」に要請されるものであった理念は、しかし、実際、どのような「論理」によって共有されるのか。主人と奴隷の弁証法として知られるヘーゲルの論理の道筋を辿ることにしよう。

先にみたようにカントは、与えられるままに消え去る感覚的印象が経験として意識にとどめられるために「統覚」と呼ばれるものが超越論的に要請されなければならないとしていた。人々に与えられる感覚が、単に消え去るのではなく、「経験」として積み重なっていくためには、それらをひとつにまとめ上げる統覚が、各人に共通した認識の機能としてなければならなかったのである。

統覚は、感覚されるその都度その都度の出来事を、ほかならぬ「私」の経験として積み重ねることにおいて、自己の意識であるともいわれる。先にみたカントの議論の流れでは十分に参照できなかったが、カントは、かのように見出される理性の理念的秩序によって、人々に共通した認識が可能になる構造を示す一方で、流れ去る感覚をひとつの意識へとまとめる統覚を「自己意識」と見なしていたのである。その「自己」の意識は、後に同様に超越論的に要請される理性の理念的秩序において、自らを理性的存在者として位置づける契機となる。だが、そのように統覚としての「自己」の意識を、潜在的な理性的存在者として位置づけるならば、単に可能な理念として示されるはずの理念的秩序の存在を、人々の「自由」な行為による「客観的実在性」の確立以前に、先取りすることになるだろう。経験を可能とする統覚の機能に、理念的存在としての「自己」の可能性を先取りすることは、「理性」を鏡として自己を反復させるナルシスの自己閉塞の構造を、カントの理論の枠組みの中で、あらかじめ閉じることを意味するのである。

可能な理念を前提とすることで、自己閉塞の可能性を含みもつカントの議論に対して、ヘーゲルはしかし、特定の理念的秩序をあらかじめ前提とすることも、統覚のような自己の意識を超越論的に要請することからも離れて、それらがどのような論理によって構成されるのかを示そうとする。ヘーゲルは、すなわち、まずは流れ去る経験を単に流れ去るものとして感覚する「生命（Leben）」あるいは「欲望（Begierde）」としての存在から議論をはじめるのである。「生命＝欲望」として存在する者は、「自己」と呼ばれるべきものを、単に「感覚的に確信」されるものとしてもっているとヘーゲルはいう［cf.Hegel,140］。カントが統覚の機能に見出した自己の意識は、ヘーゲルによれば、「生命＝欲望」の次元において感覚的に確信される「自己」に加えて（即自的自己）、他者によって承認される「自己」（対自的自己）が見出されるときに完成するとされる。[57] カントにおいて理念的秩序への跳躍において重ねられると見なされた理念的な存在としての自己と経験的存在としての自己は、ヘーゲルにおいて、「生命＝欲望」として「自己」を感覚的に確信すると同時に、他者に対して自己を承認されるものと見なされるのである。

「生命＝欲望」としての自己の感覚的確信は、しかし、まさに感覚されている限りでの確かさであるために、感覚が過ぎ去った後には跡形もなく消えてしまう。「この確信においては、意識もまた、純粋な「これ」としてあるにすぎず」、「対象もやはりただ純粋な「これ」としてあるにすぎない」[ibid.]。「これ」は、時間(今)と場所(ここ)の移りゆきにしたがって次々にその内容を変え[cf.Hegel,84-5]、単にその都度その都度の確かさだけしか与えることはない。そこには、流れ去る感覚的印象をひとつにまとめ上げる「統覚」の機能は前提とされず、単にその都度その都度の感覚によって断片的な「自己」が確信されるのである。

「生命=欲望」としての自己は、それゆえ、その都度その都度の感覚に分断されながらも、なおその都度の感覚を絶対的なものとして確信することになる[cf.Hegel,82]。自らの断片的な感覚において確信される自己は、時間を通じて同一のものとして自己を持たないと同時に、自己の外にあるものの存在をそれとして独立に認めることもない。そこでは自己を含めたすべての存在は、その都度の断片的な感覚のうちに解体されるのである。そのような状態の自己は、「運動であっても、純粋な軸回転運動であり、絶対的に不安定な無限性でありながら自分自身安らいであり、運動にさいしての区別項を解消させているところの自立性自身」[Hegel,140]とされる。「生命=欲望」としての自己は、他の「区別項」を自らの感覚のうちに解消しながら、その都度の不安定で絶対的な確信のうちに安らい、感覚されるものを純粋に享楽するのである。

だが、そのような状態にある自己は、いかにして他者からの承認を受け、時間を通じて同一な自己の意識を獲得するに至るのだろうか。互いに単に「生命=欲望」としての自己しかもたない者同士の間で承認が成立するためには、少なくとも両者の間に共通した認識の枠組みが必要とされる。流れ去る感覚を経験としてひとつの意識の上にまとめ上げる統覚の機能もない状況では、経験を積み重ねて各人の認識の枠組みを構築することも困難だろう。仮にそれぞれが自らの感覚的確信に即して認識の枠組みを構築し得たとしても、カントにおいて見たように、他者との間に共通の「自己」が承認されるためには、特定の理念を「虚焦点」として、各人の認識の枠組みをひとつに収斂させる必要があるのである。

だが、何らかの特定の理念の存在が前提されない状況を考える限り、他者からの承認を受けて時間を通じて変化することのない自己を獲得することには、原理的な困難がある。仮にもし、人がそこで自己の存在を認められるべき理念的秩序がすでに存在するとするならば、承認の問題は、いかにその秩序に合致した行為をなすかということに収斂することになる。何らかの特定の可能な理念が共有されている状況においては、そこで示される理念的秩序へと自らを合致させることで、他者との間で承認される自己が獲得されるのである。他者からの承認の問題は、カントにおいて見たような特定の理念が前提とされる状況においては、いかにして普遍化可能な秩序のうちに自らを合致させるかという問題へと還元されることになる。

だが、何らかの特定の理念的な秩序をあらかじめ想定しないとするならば、他者からの承認をめぐる問題は、はるかに困難なものになる。そこではまず、どのような理念が共通の認識の枠組みとして見なされうるか、可能な理念の設定自体が問題となるのである。いかにして人は、共通の理念の枠組みにおいて互いの存在を認めることができるのだろうか。ヘーゲルはそこに、承認をめぐる「死」を賭した争い、すなわち主人と奴隷の弁証法が生起すると した。「死」という言葉の使い方は、一見するところ、過度に文学的な修辞であるようにも思われる。共通の理念が獲得されるに至る過程を記述するために必要と見なされる理論的な厳密性が放棄され、代わりに強度の高い修辞が無造作におかれているようにも思われるのである。だが、そこで危機にさらされるものが「生命＝欲望」の次元の自己とされていることを考えるならば、「死」という概念もまた、理論内在的な必然性をもつものと考えることができる。承認を巡る際に賭けられているのは「生命」としての自己であり、争いに敗れて「奴隷」となるものは、「生命＝欲望」の次元においてもっていた感覚的確信を「主人」に奪われると考えられるのである。

「主人」は、自らが設定する理念的秩序の中に「奴隷」の存在を組み入れ、承認をめぐる争いに、まずは最初の終止符を打つ。「奴隷」は、「もの一般と総合されていること（synthesiert ist）をその本質とする」［Hegel,150］が、「奴隷」はそうして様々な「もの」と同列に並べられることで、自らに即した「自己」の確信を奪われる。「奴隷」は確かに、「主人」が設定する理念にもとづく枠組みの中で、様々な「もの」との間に関係を築くことができる。様々な「もの」との関わりを「主人」の枠組みにそって「経験」しながら、「奴隷」は、その「もの」の性質を知り、「もの」に労力を加えて加工する（bearbeitet）」［Hegel,151：強調はヘーゲル］ことができるようになるのである。だが、そうした「もの」との関係は、奴隷自身に与えられた「感覚的確信」に基づくのではなく、「主人」が規定する枠組みにおいて決められる。「この関係〔ものとの関係〕においては主人のなすことが純粋に本質的になすことであり、奴隷のなすのは純粋になすことでなく非本質的になすことである」〔ibid.〕。自らの存在を「もの」と同列に並べられる「奴隷」は、自らの「感覚的確信」から離れたところで、「もの」を加工するだけの存在として位置づけられるのである。

他方で「主人」は、自らに即した「自己」の確信を放棄することなく、他者からの承認を獲得する。主人は自らが設定した理念にもとづいて自らの存在を見出し、自らが設定した理念的体系のうちに組み入れられた「奴隷」たちから承認を受ける。だが、そこで承認される主人の「自己」は、「奴隷」のように「もの」と同列におかれるものではない。主人は、「ものを介して奴隷と媒介的に関わり、奴隷を介してものと媒介的に関係」〔Hegel,151：強調はヘーゲル〕するといわれるが、彼は「もの」や奴隷と同じ次元でそれらと直接的な関係をむすぶことはない。主人は、むしろ、「ものと自分との間に奴隷を挿入することで、ものの総体の非自立的な部分に自らを結びつけ〔schließt sich nur mit der Unselbstständigkeit des Dinges zusammen〕、これを純粋に享楽する」〔ibid.〕のである。ここでいわれる「ものの総体の非自立的な部分」の「享楽」とは、どのような事柄を指し示しているのか。この点に関する立ち入った検討は、ラカンによるヘーゲル解釈を待って展開することにしたいが、さしあたりこの段階でいえることは、理念の設定者としての主人が、「もの」や「奴隷」が互いに関わり合う体系的秩序の外側でそれらの「総体」

に触れ、「もの」や「奴隷」が互いに「自立的なもの」と見なされる関係の枠組みにかかわらず、それらを「享楽」する立場にあるということだ。主人は、「奴隷」を「もの」と関係させること、すなわち彼らを「労働」させることによって、体系的秩序のなかにおかれた「もの」の「非自立的な部分」を「享楽」するのである。

主人は、自らが設定する理念的体系によって「もの」や「奴隷」に時間を通じて変化することのない存在を保証するもの者でありながら、彼自身の「存在」は、常にその体系の外にある。ひとつの対象として「認識」されないまま、しかし、人々の認識の枠組み自体を支えるものとして存在する「主人」とは、一体どのようなものと考えればよいのだろうか。ヘーゲル自身はあからさまに語ってはいないものの、こうした「主人」の特異な地位は、伝統的に「神」と呼ばれるものが占めてきたものといえる。その「存在」が認識されないにも関わらず、様々な存在を存在させる力を持つ者を、人はしばしば「神」と呼んできたのである。様々に存在するものの原因となるものが「存在」しなければならないが、しかし、そのような「存在」は、様々に存在するもののひとつではなく、むしろ、それらの存在を可能にするものとして、それらの存在の外に「存在」しなければならない。こうした、世界を超越した「存在」の指示は、今日でもなお「神」の存在証明のひとつとして数えられている。自らが設定した認識の枠組みの中におくことで、他のすべてのものに時間を通じて変化することのない「存在」を与える「主人」は、他方で自らの「存在」の他者からの承認を、認識の枠組みの外にあるものとして獲得する。

その限りにおいて、「神」の存在を証明する論理は、そのまま、「主人」が「主人」としてあることの承認として機能しているのである。

「主人」の存在が、このような「奴隷」の承認によって確かめられるものだとすれば、しかし、主人は自らの存立を奴隷に委ねているといわなければならない。ヘーゲルがいうように、主人は主人としての「自己」の存在を自らの手で確立してはおらず、常に奴隷による承認を必要としている〔cf.Hegel,152f.〕。仮にもし、奴隷によって主人が主人として承認されることがなくなるならば、それだけで主人は、自らの「存在」の基盤を失うことになるだろう。奴隷の存在を含めたすべての「もの」を、同じひとつの認識の枠組みのうちに捉える主人の存在は、奴隷たちによる承認がなくなるとき、確かと思われたその存立の基盤を失うことになるのである。

主人の承認が奴隷に依存しているのに対して、奴隷は自らの存在の承認を、必ずしも主人に負う必要はない、とヘーゲルはいう〔cf.Hegel,152f.〕。「死」に際して「奴隷の意識は、畏怖を感じることにおいて内面深くに解消し、心中動揺せぬところなく、心中一切の執着を震撼させられた」〔Hegel,153〕のであり、その「死」を「絶対的主人」とすることで奴隷は、「奴隷」としての「自己」を維持することができる。主人の設定する枠組みの中に感覚的確信を放棄することを余儀なくされ、「死」を強く意識した奴隷は、その「死」を「絶対的主人」とすることで、「奴隷」としての自らの存在を、自らの手で確立することができるとヘーゲルはいうのである。

こうして奴隷は、自らすすんで「奴隷」であることによって、自らに即した「自己」の承認を確立することになる。ここで奴隷によって新たに獲得される「即自的自己」が、「生命＝欲望」としてあったときの感覚的確信に基づく「即自的自己」とは異なるものであることには注意しておく必要があるだろう。主人を排してなお、特定の共通した理念的な体系の中で「もの」と同列におかれ、「もの」との関わりにおける「感覚的確信」から引き離されている奴隷は、「生命＝欲望」としての「自己」を手放している。「死」はなお、「絶対的主人」として奴隷のうちで奴隷を拘束し続けているのである。だが、それでもなお奴隷は、自らすすんで奴隷であることによって、自己自身に即した「自己」を確立できるとヘーゲルはいう。「主人」という外部からの強制力なしに、奴隷は自らの「自由」によって、奴隷であることを意志し、自らの「存在」を確立できるのである。

そこで確立される「自己」はまた、単に自らに即して認められるだけでなく、他者に対しても承認されるものとなっている。人々が同じ認識の枠組みの中で互いに「奴隷」であることを認め合えるとするならば、自らに即して確立された奴隷の「自己」は、同時に他者に対して認められる。奴隷たちは特定の同じ理念的体系のうちで互いに奴隷であることを承認し合い、そのことによって時間を通じて変化することのない「自己」の意識を得るのである。

そこで同じひとつの理念的な体系を支えているものは、しかし、もはや何らかの「主人」ではなく、「われわれ」と呼ばれることになる。「精神（Geist）」とも言い換えられるそれは、誰か特定の者の意識を写すものではなく、誰でもないままに、すべての奴隷たちに共通した「自己」の意識を与えるものとなっている。こうして人々の「意識は、「概念」としての精神の自己意識において初めて転換点に立ち、そこで感覚的此岸の色とりどりの仮象から、また超感覚的彼岸の空虚な夜から、現在という精神の昼のうちに歩み入る」[Hegel,145]。「感覚的確信」だけに基づいた断片的な自己の確認は「仮象」であり、世界を超越した「主人」の存在を承認する構造に甘んじていた時期は、奴隷たちにとっての「夜」であった。人々は、互いにともに「奴隷」であることを認める「精神の昼」に至ってはじめて、自らの「存在」を、自らに即してと同時に他者に対して確立するとヘーゲルはいうのである。人々が共通の「精神」のもとで同じ意識を確立する構造が、こうして、あらかじめ何らかの理念を想定することなく記述される。カントにおいて、単に超越論的に要請されるにすぎなかった共通の理念の構築は、こうしてヘーゲルによって、主人を媒介とした奴隷の意識の発展の論理として描かれることになるのである。

だが、こうして、人々が自らの「自由」によって奴隷であることを意志するとき、共通の理念的体系として選択されるものに「欺瞞」が介在する余地はなお残されている。奴隷たちが互いに奴隷として認め合う中から抽出される「われわれ」は、「われわれ」である限り、いいかえればつまり、構造内的に普遍化可能である限りにおいて、妥当する理念となっている。奴隷たちが自らの「自由」によって引き受ける理念的な自己としての「われわれ」は、同じ特定の理念的体系の中で現にそのように共有されているということだけを根拠に理念としての機能を担っているのである。だとすれば、しかし、そうして構造内的に導き出される理念が、外的な視点からみて「欺瞞」とみなされる可能性は排除できないことになる。ヘーゲルの論理においてはなお、構造内的な必然性に基づく体系自体の危機の可能性は排除されていないのである。

ヘーゲルが暗に示唆していたように、世界を超越した主人を承認する構造から離れて、人々が自らの意志によって奴隷であろうとする体系的秩序へ移行することは、互いに「自由」で「平等」な近代の社会が実現する過程を示す「論理」となっている。人々が、自らの「自由」な行為によって、同じひとつの理念的秩序へと合致することは、個々人の「自由」と社会秩序とを矛盾なく調和させる理想的な社会体を形成しうるように思われたのである。だが、そのような社会体の理想は、今日「経済」と呼ばれるものの構造を裏書きするものとなったとしても、そこで問題となる構造的な危機を回避する道筋を示すものとはなっていない。構造内的な必然性によってのみ妥当する体系的秩序の危機の可能性は、ヘーゲルにおいてなお、排除されてはいないのである。だが、主人の秩序から奴隷たちの社会へと至る道筋は、そこで終着してなお展開する余地をもたないものなのだろうか。ヘーゲルの道筋を辿りながら、なお異なる「経済」の可能性を探求する論理として、ラカンの四つのディスクールの議論を検討するための準備がこうして整ったことになる。

第二節　ラカン：四つのディスクール

1　主人、あるいは神のディスクール

ラカンは、ヘーゲルが示した主人と奴隷の弁証法の論理を「対話＝ディスクール」の論理として読み替え、ヘーゲルにおいて終着点と見なされた奴隷たちの社会をさらに展開させる道筋を示した。「弁証法」とはそもそも、ソクラテスが対話のうちに真理を探求する方法として用いていたものであった。人々の間で「客観的なもの」として認め合える真理は、ソクラテスが「産婆術」になぞらえた対話の中から引き出されると見なされたのである。ヘーゲルはそれを、主人と奴隷との関係から共通の理念が形成される論理として捉え直した。主人と奴隷の弁証法は、ソクラテスの対話がそうであったように、そこから人々に共通した「理念＝イデア」が産出される過程として示されたのである。ヘーゲルが弁証法の論理として示した構造をラカンは、さらに「ディスクール」として捉え直し、それを上のような図式によって記述する。こうした抽象化された図式によってヘーゲルの主人と奴隷の対話を記述することで、その展開の可能性が見出されるのである。

$$\frac{S_1}{\$} \to \frac{S_2}{a}$$

だが、単にこうして示される図式を見たところで、一見してその構造を読みとることは困難だろう。後の論理の展開を待たずにこの段階で詳しく見ることはできないが、「マテーム」と呼ばれるラカンの図式は、それ自身、まずはひとつの「謎」として提示されることを目指している。精神分析的な実践に関わる問題に立ち入らない限り、不必要に謎めいて見える図式は、しかし、特定の解釈への固着をさけるという目的をもっているのである。厳密にいえばそれゆえ、この図式の「意味」を解説することは控えるべきなのだが、さしあたって本論のこれまでの文脈において、ラカンのそうした精神分析的な対話の枠組みを共有する必然性は生じていない（それはこの後に問題となる）。ゆえにここではまず、ラカンの理論形成の文脈に即してこの図式を理解することからはじめることにしよう。すなわち、この図式が示しているのは、左側に位置づけられる「主人」と、右側に置かれた「奴隷」との「対話」の構造であると考えられるのである。

主人と奴隷、それぞれの側で横棒を挟んで上下に記号が配置され、計四つの要素が並べられている。このうち、左上の記号（S_1）は、それによって人々の間に共通した認識の枠組みを開くような主人の最初の言葉、すなわち、いかなる経験にも基づかないまま、端的に規定される理念を示している（SはSignifiant（シニフィアン）の頭文字で、S_1は「最初のシニフィアン」という意味を示している）[58]。この理念が共有されることではじめて、人々に共通した認識の枠組みが規定されるのである。こうしてはじめにS_1が規定されることで、S_2,S_3,S_4,…と、同じひとつの認識の体系におけるすべての「もの」の存在が示されることになる。「奴隷」は、他の「もの」と一緒に、その S_2（S_2 以下 S_n と続くシニフィアンすべてを代表して S_2 と書かれる）の体系の中に自らの存在を書き込まれることになる。S_1 から発して S_2 へと至る主人のディスクールは、このように、主人を起点とした「対話」として示されるのである。

時間を通じて変化することのない「自己」の承認を、主人の理念を通じて獲得する奴隷は、生命＝欲望の次元において持っていた感覚的確信を奪われ、主人が設定する理念的な枠組みの中で「もの」を加工し「労働」する。主人が設定する理念的秩序において「もの」と同列におかれた奴隷は、「もの」について、単なる「ノウハウ（savoir-faire）」［Lacan:XVII,21］を持つにすぎず、自らの「感覚的確信」に基づいてそれらを享楽することはできない。「知がもし何も知らないとすれば、それは S_2 の次元の知なのです」［Lacan:XVII,35］といわれるように、奴隷たちは、自らのなしていることを知らないまま、すでに存在する「もの」を「加工」し続けるのである。

他方の主人は、しかし、奴隷たちが知らないままでいることを知っている。「主人の知（savoir du maitre）」は、感覚的確信を奪われた奴隷たちが自らの「労働」のうちに見失っているものを知っているのである。主人の「享楽」［Lacan:XVII,92］とは、ラカンによれば、こうした「主人の知」に基づくものであるとされる。奴隷たちが知らないままに「労働」し続けることが、主人による享楽を可能にしているのである。奴隷の労働によって生産されるものでありながら、奴隷の認識の枠組みから不断に排除されるもの（a）、すなわち、ヘーゲルにおいて「ものの総体の非自立的な部分」と呼ばれていたものを「享楽」することで、主人は、自らの主人としての立場を確立する。奴隷の知の体系（S_2）から横棒を引かれて遮断された「剰余」として現れる「生産物（a）」が、主人が主人として承認されるための不可欠の要素となっているのである。

実際、奴隷たちが知らずに労働し続けることをやめ、認識の枠組みの外に押し出されていた剰余が主人の享楽に供されなくなれば、主人のディスクールによって維持されていた構造は崩壊してしまう。そこでは、奴隷たちが「もの」を加工する「ノウハウ」だけに甘んじ、自らの労働の生産物を主人の享楽へと供し続けることが、対話の維持の要件となっていたのである。「主人はじわじわと奴隷からその知を搾取し、それを主人の知に変える」[Lacan:XVII,36]。主人のディスクールは、奴隷による労働を搾取することによって成立するものであることになるのである。[59]

それゆえ、ヘーゲルにおいて見たように、自らの存在の承認を奴隷たちによる労働に依存している主人の対話は、必然的に異なる対話へと移行する契機をもつことになる。主人の対話を動機づけていたもの、すなわち、主人の側で横棒を引かれて、奴隷との対話を通じてのみ獲得しうると見なされた、主人自身の自立的な存在（$\$$）は、実際には奴隷の労働の生産物に依存した不完全なものとしてしか見出されない。そしてまさにそのことが、この対話の構造に転回の可能性を与えるのである。ヘーゲルにおいて必然的な論理の過程として見出された主人の秩

序から奴隷たちの社会体への移行は、こうしてラカンにおいて、対話の構造の転回として語られることになる。主人が奴隷との弁証法的な対話において求めていた「真理（Wahrheit）」[Hegel, 152]、すなわち主人自身の自立的な存在（$\not{S}$）が、最終的には到達不可能なものであることが示されることによって、対話の構造の転回が起こるのである。

主人による対話の構造は、奴隷たちが主人の設定する枠組みにおいて労働することをやめ、彼ら自身によって理念が設定されるときに転覆される。主人のディスクールを構成していた四つの要素は、そのとき、左にひとつずつ回転し、異なる対話の構造を示すことになるだろう。奴隷たち自身による対話は、ディスクールの転回＝革命として実現するのである。ラカンが「大学人のディスクール」と呼ぶ次の対話は、そうして、奴隷たちの知（S_2）を起点にしてはじまることになる。

2　対話の基本構造

ラカンにおける他の三つの対話の内実を詳しく検討する前に、ここでラカンにおける対話の基本的な構造を確認しておくことにしよう。

ラカンの図式において、ひとつの対話から別の対話への移行は、四つの要素の回転というかたちで示される。すべての対話は、左側におかれるものから右側におかれるものへ問いかけるという形式で行われ、左上の要素が、その対話をはじめる「動因（agent）」として位置づけら

$$\frac{\text{動因（見かけ）}}{\text{真理}} \rightarrow \frac{\text{他者}}{\text{生産物}}$$

$$\frac{S_1}{\$} \rightarrow \frac{S_2}{a}$$

主人のディスクール

$$\frac{\$}{a} \rightarrow \frac{S_1}{S_2}$$

ヒステリー者のディスクール

$$\frac{S_2}{S_1} \rightarrow \frac{a}{\$}$$

大学人のディスクール

$$\frac{a}{S_2} \rightarrow \frac{\$}{S_1}$$

分析家のディスクール

れる（後年ラカンは、「動因」という語に含まれる能動性を嫌って「見かけ」という概念に置き換えているが、ここを基点に対話が開始されることには変更はない）。左下、横棒をへだてて下におかれるものが、「動因」の作動を動機づける「真理」である。「真理」は、対話全体の目的として設定され、「動因」による対話の始動を促すのである。「動因」と「他者」との間でなされる対話のなかに生み出されるものが、「他者」の下におかれる「生産物」である。そして、「対話」による「生産物」が、「動因」が目的とする「真理」とは決して重ならないことが、ひとつのディスクールが他のディスクールへと移行する契機となる。

　このような対話の基本構造のなかに、四つの要素が配置される。すなわち、共通の認識の枠組みを成立させる理念としての最初のシニフィアン（S_1）、その理念を基礎として構造化される知の体系（S_2）、S_2の体系からこぼれ落ちる剰余（a）、斜線を引かれ「感覚的確信」の自己充足から放擲された主体（$\$$）の四つである。これらの要素が担う機能は、主人のディスクールの転回の後に得られる三つの対話においても維持される。つまり、どの要素が起点となっ

て対話が開始されるにせよ、各々の要素がもつ値に変化はないと考えるのである。四つの場所に対して、一連の機能連関を保持した四つの記号があるとすれば、「転回」によって得られる対話の可能性は、正味四通りとなる。

主人の対話の構造を、四つの場所と四つの記号の連関として記述することでラカンは、可能な対話の形態を四つの仕方で示すのである。だが、こうして形式的に獲得される四つのディスクールは、それぞれ、どのような対話の可能性を示しているのだろうか。それぞれのディスクールの内実について、その詳細を見ていくことにしよう。

3　大学人、あるいは資本主義のディスクール

奴隷が、自らの「自由」において奴隷であることを意志し、そのことによって人々に共通した理念が獲得される構造において、その奴隷の対話を動機づけるものは、普遍化可能性に開かれたかたちで承認される「自己」であった。人々がともに自らの「自由」において、「理性的存在」として妥当するような行為を意欲することによって、単なるひとつの可能性にすぎなかった理念が、「客観的実在性」を獲得して人々の行為を現実に規定する規範となったのである。主人のディスクールの転回＝革命によって得られる奴隷の対話において、その欲望を動機づけるもの、すなわち、対話者の下に横棒を引かれて対話を動機づける「真理」の場所におかれるもの

は、それゆえ、「理性的存在」としての「自己」であることになる。

> 超越論的なものである限りでの「私」、それはまた幻影でもあるわけですが、そこに大学人のディスクールについて展開される事柄の最終的で根源的な機能があります。……超越論的な「私」、それは、知を語るものが誰でも、あるやり方で真理として隠しているもの、すなわち、S_1、主人としての「私」なのです。[Lacan:XVII,70]

人々は、新たなディスクールにおいて、理念（S_1）として設定される「超越論的自己」に導かれて対話をする。主人のディスクールにおいて、外からの強制力によって奴隷を従属させていた主人（S_1）が排された後も、「真理」の場所におかれた理性的存在者としての自己（S_1）が、奴隷の行為を規定する規範としての役割を果たす。奴隷は、理性的存在としての自己を実現するために、自らの「自由」によって、すすんで共通の理念的秩序のうちに自らを服する。そうした奴隷の「自由」な行為によって、単に可能な理念として想定された奴隷たちの社会が「客観的実在性」を得て実現するのである。

$$\frac{S_2}{S_1} \rightarrow \frac{a}{\$}$$

しかしながら、奴隷としての自己を互いに承認し合う人々は、自らに即して自己の存在を確立しながらも、なお奴隷としての立場を抜け出すことはない。奴隷は、ヘーゲルにおいてそうであったように、世界を超越した「主人」を承認することから離れてなお、共通の理念的秩序のもとに「もの」と同じ次元に位置づけられ、自らの「感覚的確信」に基づく「もの」との関係を絶たれている。自らの主観に基づいた判断において「欺瞞」と見なされるものについても、「われわれ」の次元で普遍化可能性に開かれた規範に自らすすんで合致することなしには、その理念のもとで自己が承認されることはない。奴隷が奴隷として承認されつづけるためには、人々がともに自らをそこへと服従させる理念へと、自らの「自由」において服従しなければならないのである。

「真理」の場所におかれる「超越論的自己」を獲得しようとして展開される奴隷の対話は、図式の右側に位置づけられる対話の相手に語りかけながら、しかし、常に「自己」へと回帰する構造を持っている。S_2の体系からこぼれ落ちるもの(a)へと呼びかけられた奴隷の対話は、「理性的存在」へと向けられた「自己」の反復的な構造のうちで響くだけで、対話において返される応えは、すべて常に同じ認識の枠組み(S_2)に回収されるのである。ラカンが皮肉を込めて「大学人」と言い換える奴隷の欲望は、自らが属する「知の体系(S_2)」を自明なものとみなしながら、すべての存在をそこへと還元しようとするとされる。「大学人」の対話の相手となる「学生」は、自らに固有の「声」を発して聞き入れられることなく、普遍化可能性によって担保される知の体系を鸚鵡がえしにすることだけを期待されるのである。

ここでの「学生」は、「対話」がなされる以前には、いまだ特定の理念的な体系のうちに自己を見出していないことにおいて、「自己」の意識の確立の手前におかれている。先に見た主人のディスクールの枠組みでいえば、「学生」とは、単にひとつの「生命＝欲望」として、直接的に「もの」と関わり、感覚的な次元での確信を持っていた存在と見なすことができよう。単にひとつの生命＝欲望として断片的な感覚に自己を実感していた者は、時間を通じて変化することのない自己の意識を獲得するために、既存の理念的秩序に合致することを求められる。奴隷たちの知の体系が存在のすべてであると見なす「大学人」は、自らの感覚的確信に即して「もの」と関わっていた「学生」に固有の「声」を認識の枠組みの外にあるもの（a）として無化しながら、「学生」の自己を彼らと同じ奴隷として位置づけることになる。自己の承認を求める「学生」は、大学人の対話によって、すでに確立し反復される知の構造の中に組み入れられ、彼自身奴隷であることを意志するのである。

「知の体系（S_2）」の枠組みの外にある者（a）へと向けられる大学人の対話は、こうして、生命＝欲望として存在していたはずの「学生」の主体に斜線を引き（$\$$）、彼がもっていた感覚的確信を奪うことになる。学生が、ひとりの大学人として、同じように「超越論的自己」に動機づけられた奴隷となることによって、彼自身の感覚的確信に基づいた自己は、認識の枠組みの外に「死産」されることになるのだ。

「メディア」に自己を奪われたナルシスが、エコーの「声」を「自己」の反復的な構造の中へと回収していたように、大学人＝奴隷の対話は、超越論的に規定される理念に動機づけられながら、あらゆる存在を奴隷の知の体系へと回収する。奴隷は、すべてのものを知の体系の「ノ

ウハウ」へと還元しながら、その認識の枠組みの外にあるものを排除し続けるのである。

だが、そのような知の体系の中に「自己」を確立する奴隷はなお、「主人の知」については何も知らないまま労働を続けている。奴隷たちは、その対話を成立させている全体の構造についての知を欠いたまま、「知の体系（S_2）」として現れる「もの」と「奴隷」たちの世界をすべてと見なしているのである。自らの「自由」において理念的秩序へと合致しようとする奴隷たちの跳躍は、しかしそれ自身が、「欺瞞」の可能性を含んだ理念の承認として機能している。知の体系の枠組みの外に追いやられる剰余（a）が、同じひとつの理念の承認に捧げ続けられることによってのみ、対話の構造がそれとして維持されている。知の体系の枠組みの外にある者の欲望が、共通の理念のもとで自己を獲得することを拒否するならば、「すべて」と信じられた体系の全体の維持が困難となるだろう。構造内的な必然性にのみ基づいて維持される理念的体系は、認識の外におかれるものの不断の参与によってはじめて維持されているのである。

人々の「自由」な行為を導くことで、普遍化可能性に開かれた理念的秩序を実現する奴隷の対話が、ラカンにおいて、「資本主義」の構造を示すものとされていることは、それゆえ偶然ではない。「新しい主人のディスクール、これは、資本主義と呼ばれるものです」[Lacan:XVII,34]といわれるように、奴隷の「労働」によってその構造が維持される対話の形式は、そのまま、「資本」を原理とした「経済」の構造を記述するものとして理解されるのである。

「資本」とは、第二章で見たように、「富と名声」のイデアとして人々の欲望を導き、そのことで「経済」の構造自体を維持するものであった。「経済」の先行きについての不確定性が高まる状態に際して、人々の欲望は、高い利子を求めて積極的な投資へと向かうよりもむしろ、「流動性」を求めて「経済」の不確定性をより増大させる方向へと向かう。「経済」が「経済」としてそのもとに人々の欲望を繋ぎ止めるためには、共通の理念のもとでの輝かしい未来を人々が確信し続けることが必要とされたのである。そこで人は、自らの「自由」によって、「経済」の体系の中で示される行為規範に進んで服従することになるだろう。「経済」において利益を得ようとするものは、構造内的に普遍化された規範を自らの行為原則とすることで、彼の欲望を実現しようとする。すなわち人は、自ら進んで奴隷となることで、共通の理念的体系のうちに、「自己」を見出すことになるのだ。

だが、人々が自らの欲望に導かれて、進んでその奴隷となるような理念的秩序が「資本」と呼ばれる原理によって維持されるというのは厳密にいって、どのような事態を示しているのだろうか。「真理」の場所に隠された理念（S）としての資本の機能については、もう少し立ち入って検討する余地が残されているように思われる。

「資本」とは、まずはマルクスがいうように、貨幣を媒介とした商品の交換（W—G—W'）から、商品を媒介とした貨幣の獲得（G—W—G'）へと交換の形態が変化するときに発生するものと考えられる。貨幣を媒介にして自らが欲する商品を獲得するのではなく、商品を媒介にしてさらなる貨幣の獲得が目指されるとき、「資本」の原理が生起するとマルクスはいっていたのである。「等価」であるはずの交換を複数回行うだけで、再び手にされた貨幣に「剰余価値」が付与されるのはなぜなのか。等価関係にもとづく交換のシステムにおいては認識の枠組みの外におかれる「剰余」が、それでも人々の交換自体を動機づけるものとして機能することが「資本主義」と呼ばれるシステムと見なされた。

通常のマルクス主義的な考え方に従うならば、等価交換では見出されない「剰余」の発生は、「労働」の搾取にその起源が求められる。資本は、外部にあるはずの労働者の「労働」を等価交換の枠組みに組み入れることで、等価であるはずの交換からこぼれ落ちるものを搾取するとされるのである。だが、このないささか定型化されたそれぞれの概念の意味は、ラカンのディスクール論によって新たにされる必要がある。というのも、普遍化可能な理念にみずからを従属させる奴隷は、その服従をあくまで自らの「自由」においてなしているからだ。

奴隷による「労働」は、確かに、同じひとつの理念的体系のうちに組み込まれることにおいて、その認識の枠組みでは認識の外におかれる「剰余（a）」を不断に発生させている。仮に「労働者」と呼ばれる者が「経済」の体系の外にあるものだとして、「労働者」は自らの「労働」を、交換の体系の中での他の「もの」との関わりにおくことではじめて、「経済」の体系のうちに自らを見出すことができるのである。大学人が、知の体系の枠組みの外におかれた学生に固有の「声（a）」を無化し、彼が生命＝欲望の次元において確信していたものを奪うことで知の体系を維持させていたように、「経済」もまた、労働者の「労働」を交換の体系に合致させ、「等価交換」の枠組みにおいては認識の外におかれる「剰余」を、資本という理念の承認にあてることで維持される。そこでは、つまり労働者が「奴隷」となることが、システムがシステムとして作動するための不可欠の要件となっているのである。

だが、そのような資本による労働の搾取は、奴隷として自らを「経済」の中に見出そうとする者たちの「自由」な行為によってのみ支えられている点を見る必要がある。「資本」という理念を承認することにおいて、労働者と資本家の区別はなく、ともに自らの「自由」において、同じひとつの「経済」の体系を維持させているのである。「資本」による「剰余価値」の産出は、その意味では、ケインズがいうように、人々が「流動性」を手放し、同じひとつの「経済」へと積極的に参与することによって獲得されるものと考えることができる。「資本」によって生み出される「利子」は、労働者の労働から一方的に搾取されるものではなく、人々が積極的に「経済」へと参入し、その「流動性」を手放すことで獲得される対価と見なされるものなのである（もちろん、「奴隷」として参入する労働者が、自らの流動性を手放すことで獲得されるはずの対価から何らかの仕方で故意に遮断されている場合には、構造的な搾取の可能性は残る）。

「資本」とはすなわち、ひとつの理念として、人々の欲望を喚起し、理念に即した人々の「自由」な行為を導くことで、「客観的実在性」を持つものといえる。「資本」は何らかの「もの」ではなく、運動し続けることをその本質としているといったのはマルクスであった[cf. MEW.Bd.24,109]が、人々がそれぞれの「自由」において、「剰余」を求めて紡いでいく「資本」という運動は、その「客観的実在性」を人々の不断の運動への参与にのみ負っているのである。「資本」は、こうしてひとつの理念として、「経済」とよばれる構造を維持する。人々の不断の参与がなければ実体性を持たない「資本」は、しかし、人々がそこに参与し続ける限り、現実に人々に規範を課し、体系の外部にあるものを無化して、すべてを自らの体系のうちに取り込み続ける。人々の「自由」な行為によって、「資本」を理念とした「経済」の体系が「客観的実在性」を持ち続けるのである。

だが、こうした普遍化可能な理念（S_1）によって動機づけられる奴隷＝大学人の対話もまた、他のすべてのディスクールがそうであるように、対話において求める「真理」へと到達することはない。大学人のディスクールにおいて、理念として規定される「超越論的自己」は、それに合致するように人々の欲望を導きながら、常に到達不可能なものと見なされる。「知の体系（S_2）」において獲得される知は、仮にその全体を網羅しえたとしても、体系自体を支える理念（S_1）と決して合致しない。理念に動機づけられて始動する大学人の対話は、知の体系の外部を排除し、そのうちに「すべて」を映し出したとしても、自らの欲望を喚起する理念自体に合致することはないのである。

資本主義のディスクールにおいても同様に、資本という理念に導かれた人々の欲望は、「経済」と呼ばれる構造を無際限に拡張しても、その運動を喚起している当のものを手にすることはない。「資本」という理念は、人々の不断の参与を促しながら、運動の総体としてしか現出しないのである。実際確かに、資本主義の対話において人々は、「流動性」を手放して「経済」に参入する代価として、「資本」と呼ばれるものの一部を手に入れているように思われる。すべてのものを体系の中に位置づけ、「経済」が不断に外部を取り込むことで発生する「剰余」は、「流動性」を手放した者に、「利子」として獲得されると考えられるのだ。

だが、そうして「経済」の体系の内部において「経済」が拡張すること自体に伴って発生する「剰余」は、さらに人々の欲望を喚起し、資本の運動に対する人々のさらなる参与を動機づけこそすれ、それらを積み重ねて資本の全体へと至ることはない。人々が「経済」へと参与することで手にされた「剰余」は、反対に、「経済」が「経済」として存在する限り、その体系の内部においてのみ通用する価値であり、資本という運動が止まり、「経済」の体系自体が失われた後には霧散するものとなっている。「流動性」を手放して「経済」へと参入することで獲得された「剰余」は、積み上げて資本そのものへと到達しうるような「部分」ではなく、人々が「資本」という理念を共有する限りで通用する夢のようなものなのである。その夢はしかし、人々がさらに夢を見続ける限りにおいて「客観的実在性」をもつ。資本という理念に導かれた人々の欲望は、そうして、欲望を喚起する当のものへと至らないまま、不断の運動の中に繰り込まれるのである。

ひとつの対話において求められていたものが、実際には到達不可能なものであることが明らかになるとき、それまで維持されてきた対話の構造が、異なるディスクールへと転回する可能性が開かれる。ヘーゲルにおける主人の秩序が、対話において求められていたものの到達不可能性が明らかになるや奴隷たちの社会へと転回する契機をもつに至ったように、奴隷たちの対話における無限運動の閉塞は、その幻想と危機の可能性に開かれるとき、異なるディスクールへと人々の欲望を導くことになる。ヘーゲルにおいて終着点と見なされた奴隷たちの社会体は、ラカンにおいては、なお他の可能性に開かれたものとされるのである。

ヘーゲルの主人と奴隷の弁証法の論理から直接導き出される二つのディスクールとは別に、それらの対話において常に排除されていたもの（a,$)を起点とした対話の可能性が残されている。すべてのものを「経済」へと回収し、あらゆる存在を「知」の反復的な構造に捕捉する対話が、回避不可能な危機を内包することが明らかとなるとき、全面化した不確定性を前に開かれるのは、まず「無知（$)」を起点とした対話の可能性である。認識の枠組みの外に「死産」された無意識の主体（$）は、「知」の体系の外部において、新たな対話の起点となるのである。

4 ヒステリー者、あるいは哲学のディスクール

斜線を引かれて知の体系の外におかれる無意識の主体（$）は、その都度その都度の断片的な感覚に自己を確信する状態にあった生命＝欲望が、共通の理念的秩序のうちに時間を通じて変化することのない自己を獲得するときに死産されるものであった。特定の理念に支えられた

知の体系のもとで「自己」を承認されるために人は、「主人」であれ、「主人」を排した後に「死」そのものを「主人」とするのであれ、生命＝欲望の次元においてもっていた感覚的確信を離れ、共通の認識の枠組みのうちに自己を見出す必要があったのだ。

「死」による決定的な否定を受け、知の体系の外に投げ落とされる無意識の主体（$)を起点にした対話とは、それでは、どのようなものでありうるのだろうか。自己の意識の外に排除される無意識の主体の欲望のあり方を問うことこそ、フロイトの精神分析が可能としたことであった。ヘーゲルをはじめとする近代の思想において「自己」の承認の後に背後に追いやられる欲望が、「死」による決定的な否定を受けながら、意識の外でなお機能することをフロイトは明らかにした。自己の意識の外に排除された欲望は、意識の統制をやぶって、抑圧されたものを現出させる。知の体系の外におかれた無意識の欲望の訴えは、まずは「ヒステリー」という名の病理として明るみに出るのである。

だが、そのような無意識の欲望の現出は、いかにしてひとつのディスクールとして機能しうるのだろうか。奴隷＝大学人の対話の閉塞からの転回によって可能なディスクールのあり方を見るためには、まず、精神分析の理論において病理としてのヒステリーがもつ構造を確認する必要がある。「ヒステリー」とは、ラカンの精神分析において、知の体系の中に自己の存在を要求することと、無意識の主体が欲望することとの「分裂」によって引き起こされる症状とされる。

主体における要求の弁証法をある程度まで進展させると、みなさんは常に構造のある点において、要求と欲望との「分裂」に出会うことになります。しかし、そこには、大きな誤りを犯す危険、つまり、ヒステリー患者を生み出す危険があることになるでしょう。……いいかえれば、ヒステリー者は、自分が要求において満足させられないことを知らないわけです……［Lacan:V,365f.］

ヒステリーについてまとまった展開をしている中期のラカンにおいて「要求（demande）の弁証法」といわれているものの詳細をここで立ち入って検討する余裕はない。だが、それがヘーゲルの「承認の弁証法と呼ばれているものと非常に近いもの」［Lacan:V,358］であることは確認しておく必要がある。『エクリ』に収録された同時期の論文においても繰り返し参照されているように、[60] 生命＝欲望の次元の「感覚的確信」にある主体が、他者の「承認」を受けて普遍化可能性に開かれた体系のうちに「自己」を見出すヘーゲルの主人と奴隷の弁証法は、中期のラカンの「要求の弁証法」の下地になっているのである。人は他者からの承認を「要求」することで、普遍化可能性に開かれた体系のうちに「自己」を見出す。「ヒステリー者」とは、こうした普遍化可能性に開かれた知の体系における「自己」の要求と無意識の欲望との間の「分裂」の結果として見出されるとラカンはいうのだ。

ヒステリー者とは、まさに、大他者である限りの他者、つまり、語られた記号の保持者、を構築することにおいて、自らの位置を保持する関係を打ち立てることが困難な主体です。これはヒステリー者について与えることのできる定義そのものです。[Lacan:V,364]

理念によって人々の認識の枠組みを規定する「大他者」が構築されるとき、ヒステリー者は、そこに「自らの位置を保持する関係を打ち立てることが困難な主体」として現れる。普遍化可能性に開かれた知の体系における承認を求める「要求」と、その認識の枠組みの外におかれる無意識の主体の欲望との「分裂」が、「ヒステリー者」を生み出すのである。

このとき、承認を求める要求が、常に知の体系との関係において示されるのに対して、ヒステリー者の無意識の欲望は、常に認識の枠組みの外におかれる。ヒステリー者が、「自分が要求において満足させられないことを知らない」のは、要求と分裂する欲望が、常に「自己」の意識の外において現出するからなのである。その限りにおいて、ヒステリーは、端的な「不満足」として現れることをその本質とすることになる。[61] ヒステリーは、知の体系から排除された欲望に基づく限りにおいて、いかなる知の形態もとらない「不満足」として現れるのである。

$$\frac{\$}{a} \rightarrow \frac{S_1}{S_2}$$

理念によって規定される認識の枠組みの外におかれるヒステリー者の主体

(S̸)は、こうして、知の体系の外側に無化された剰余（a）を直接的に享楽する「満足」を求めて、対話を始動させる。「真理」の位置におかれた「剰余（a）」が、ヒステリー者の対話を動機づける。人々に共有される知の体系のうちで「自己」を打ち立てることが困難なヒステリー者は、知の体系に参与する際に奪われたものを求めて、新たな対話を模索するのである。

このように、「不満足」を原動力としたヒステリー者のディスクールが、その対話の相手として選ぶのは、他ならぬ「主人（S_1）」である。既存の知の体系において承認される「自己」との間に分裂を抱えるヒステリー者が、自らの「不満足」を訴えるのは、新たな理念を設定する可能性をもつ「主人」なのである。

だが、ここで対話の相手となる「主人」とは、実際、どのようなものだろうか。「主人」とは、ヘーゲルにおいて、奴隷たちの奴隷たちによる奴隷たちのための対話が成立した時点で「存在」を剥奪されるものであった。「主人」は、奴隷によって「主人」として承認される限りで存在したのであり、奴隷たちが自らを奴隷として互いに承認し合う構造においては、「われわれ」という普遍化可能な形式に置き換えられた。「超越論的」な仕方で構造内在的に措定される理念に基づいた社会において、「主人」は、いわば「不能」を宣告されていたのである。

だが、ヒステリー者は、まさにそのように「不能」となった主人を「主人」として対話の相手とすることで、新たな理念的秩序を構築しようとする。理念を理念として創設する機能をもたない主人の言葉（S_1）を、新たな秩序を創設するものとして受け入れ、自ら進んでその秩序に服従することによってヒステリー者は、主人を主人として機能させようとする。

例えば、ヒステリー者の典型として、精神分析で繰り返し取り上げられる症例「ドラ」は、自らの父を「主人」として機能させようと努めた。フロイトの精神分析の「成功例」として、批判を含めた様々な議論が展開されるドラの症例を一元的に語ることはできない。だが、少なくともラカンにおいてドラは、「主人」としての機能を持たない父を「主人（S_1）」とし、そこから産出される「知の体系（S_2）」のうちに「自己」を見出そうとするヒステリー者と見なされる。ドラの無意識の欲望（$\$$）は、彼女自身が社会的な要求に従って語ることとは裏腹に、自らの父がK氏の夫人に対して「男性」となることを望む。[62] ドラは、ラカンによれば、父を「主人」とした関係性の中にK氏夫人をおくことで、「女性性とは何か」という問いの答えを獲得し、自らの「存在」をその関係性の中に見出そうとするのである。既存の知の体系において承認される自己と無意識の欲望との間の「分裂」に苦しむヒステリー者は、そうして、「不能の父」を「主人」として機能させ、新たな体系のうちに「自己」を見出そうとする。単に可能な理念として、並び立つ普遍化可能性のひとつに過ぎなかった「不能の父」は、こうして、「不満足」を原動力とするヒステリー者の対話の実践によって、「主人」として機能するに至るのである。
　ヒステリー者の対話と呼ばれるものが、このような構造をもつとすれば、それは、単なる病理を示す以上に、新たな社会的秩序を構築する論理として展開されうることになる。ヒステリー者の対話は、その実践によって、可能な理念のひとつにすぎないものに「客観的実在性」を与

えることを可能にする。既存の知の体系において承認される自己との関係に困難を覚えるヒステリー者の欲望は、既存の知の体系から「病理」と見なされるとしても、異なる理念に基づく実践の可能性をもつことにおいて、新たな理念的秩序を生み出す契機をそのうちに含みもっているのである。奴隷＝大学人の対話における反復的な自己閉塞の中で、自己の承認を求め続けることに困難を覚える者は、まさにそのことによって、「ヒステリー者」と定義される要件を満たすことになる。「経済」の体系のうちで普遍化された規範に従いながら、社会的な要求と無意識の欲望の間の分裂に苦しむ者は、既存の体系の中で「病理」として排除されるもののうちに、新たな理念的秩序を構築する可能性をもつのである。

「哲学者」と呼ばれる人々がなしてきたことは、それゆえ、このようなヒステリー者の対話の実践にほかならないとラカンはいう。既存の体系に「自己」を見出すことに困難を覚えるヒステリー者の欲望は、そこから新しい理念的体系を生み出す可能性を持つことにおいて、「哲学」の営みに重ねられるのである。

〔奴隷が喜々として主人の搾取に身を委ねるという〕心温まる楽しみのおかげで、我々は、少なくともある時がやってくるまでは……哲学のディスクールとヒステリー者のディスクールとの間の親和性がどのようなものであるかを知らないでいるでしょう。というのは、哲学的なディスクールこそが、主人の知の欲望をかきたてるものだったと思われるからです。

[Lacan:XVII,37]

「哲学」と呼ばれる営みが、既存の知の体系をいったん括弧に入れながら、新たな仕方で認識の枠組みを規定しようとするものだとすれば、そこで機能しているのは、ヒステリー者の対話に他ならない。「大学人」の知の体系において認められることに「不満」を覚え、「無知」を起点に対話を行うことは、「哲学」と呼ばれる営みが、伝統的にその範としてきたものであった。「ソフィスト（智者）」を批判するソクラテスは、自ら「主人」として理念を措定することなく、「無知の知」を起点に「イデア（S_1）」を求める対話を実践した。「哲学（philosophy〈philos+sophia〉）」とは、よく知られるように、「理念（イデア）」としての知を愛し、追い求める営みを指すものであった。理念を追い求める哲学者の「愛」は、自らを「すべて」と見なす知の体系が、単なる「ノウハウ」の寄せ集めにすぎないことを暴き出し、「無知の知」を起点に新たな理念的秩序の可能性を開く。既存の知の体系への「不満」を原動力として始動するヒステリー者の対話は、その限りにおいて、哲学者のディスクールの構造を記述するものとなっているのである。

「経済」についての「哲学的」な探求を試みてきた本論の試みは、その成否は別として、こうしたヒステリー者の対話を実践することだったといえる。既存の知の枠組みの中で理解される「経済」概念をいったん括弧に入れ、知の体系を成立させる構造自体を問い直すことは、少なくともその議論の構造においては、ここで「哲学」として定義したものと一致する。構造内的な必然性によって規定される「経済」の危機を問題とし、それとは異なる対話の可能性を探求する試みは、それ自身が、ひとつの「ヒステリー者のディスクール」の実践となっているのである。

だが、本論のこれまでの試みも含めて、このようなヒステリー者の対話は、他のディスクールと同じように、対話を動機づける当のものを獲得することはないといわなければならない。もし仮に哲学者＝ヒステリー者のディスクールが成就し、そこに何らかの新しい知の体系（S_2）が生み出されたとしても、ヒステリー者＝哲学者の対話のうちに求められていたもの（a）は、再びその新たな知の体系から排除される。既存の知の体系における「不満足」を原動力とし、新たな秩序を構築するための「イデア」を追い求める営みは、対話を成功させ、実際に新たな知の体系が産出されるに至ったとしても、新たな知の枠組みの中で、追い求めていたものを取りこぼす。ヒステリー者の対話もまた、他のすべてのディスクールと同様に、「真理」の場所においてその対話を動機づけていたものを、手にすることはないのである。

$$\frac{\$}{a} \rightarrow \frac{S_1}{S_2}$$

あるいはそれでも、実際の哲学の歴史に見られるように、ヒステリー者＝哲学者が、対話のうちに産み落とされた新たな知の体系に「満足」を覚えることはありうる。欺瞞のない体系を構築し、そこで承認される自己との関係が「満足」されるとすれば、そこでヒステリー者＝哲学者は、対話において求めていたもの、すなわち、既存の知の体系において、欺瞞的な「主人」の承認に供されていた剰余（a）を、自らの手に獲得したと見なされる。それまでの「知の体系」における「労働」から搾取されていたもの（a）は、そこでは、新たな理念に基づく十全な体系のうちに取り戻されると考えられるのである。

だが、仮にもし、そのような剰余（a）の獲得がなされたとしても、それは、ヒステリー者の対話の成果というよりも、むしろ新たな「主人のディスクール」の「生産物」というべきだろう。新たに構築された「知の体系」の作動において産出される剰余を享楽しうるとすればそれは、その者が「主人」の立場に与っていることを意味する。哲学者＝ヒステリー者として対話をはじめた者が、新たに構築される知の体系に「満足」するとすれば、それは、彼がヒステリー者として求めていたものを、「主人」の立場で享楽していることになるのである。

実際例えば、ソクラテスの探求に基づいて「イデア」の秩序を構築しえたとして、それが不動の「知の体系」と見なされ、すべての人々が参与すべきものとして位置づけられるならば、ヒステリー者であったはずのソクラテスは、主人の地位に立っているといわざるをえない。そこでは、新たな知の体系に参与する奴隷たちの労働が、「主人」の承認のために供されるのである。ヒステリー者のディスクールの結果、剰余（a）が獲得されたとしても、それは、ヒステリー者がヒステリー者として求めていたものであるというよりもむしろ、新たな理念のもとで作動する主人のディスクールにおいて産出されたものとみなされる。ヒステリー者がヒステリー者として行う対話においては、なお対話において求められるものが獲得されることはないのである。

だとすればしかし、本論の試みも含めて、ヒステリー者＝哲学者の対話がなしうることは、たかだか主人のディスクールに回帰しうるということだけなのだろうか。ヒステリー者の対話によって、新たな理念を作動させることが、人々の「自由」な行為による服従を促す新たな「主人のディスクール」にしかなり得ないのであれば、哲学が純粋に哲学であり続けるために必要なのは、常に既存の知の体系に対する「不満足」を訴え続けることでしかないことになる。既存の知の体系の「欺瞞」を指摘しつつも、それに代わるべき理念を新たに構築することは純粋な哲学とは異なるものとして外部におく。こうしたヒステリー者＝哲学者としての「正しい」態度は、しかし、現に不具合を来している構造に対して何の可能性を示さないまま、自らの「誠実性」にとどまることしかできないことになるのである。

だが、哲学者＝ヒステリー者がもつ、このような構造的な無力さが明らかになることで、最後に残されたディスクールの可能性が開かれることになる。ラカンの四つのディスクールのうち、最後に残された「分析家のディスクール」は、袋小路に陥るヒステリー者＝哲学者を対話の相手として、認識の枠組みの外側にあるもの（a）が提示されることで始動するのである。

5　分析家、あるいは欺く神のディスクール

分析家のディスクールは、袋小路に陥ったヒステリー者＝哲学者（$\$$）を対話の相手として、

そこに剰余（a）が差し出されるという形態をとる。剰余とは、これまで見てきたように、奴隷の知の体系（a）から排除されながら、対話の構造を支えるための不可欠な要素となっているものであった。分析家の対話は、「不満足」を抱えるヒステリー者に対して、彼が求めるものを直接差し出すことを起点としてはじめられるのである。

だが、通常の認識の枠組みから排除されるものを、それ自身として差し出すことは、いかにして可能となるのだろうか。そのことを理解するためには、「分析家のディスクール」がモデルとしている精神分析の「治療」の過程を、立ち入って見ておく必要がある。

精神分析のセッションにおいて、分析家は、通常の認識の枠組みからは排除される「対象a」を、分析を受けるものの無意識の主体（$\$$）へ向けて提示し、「転移」と呼ばれる状態を引き起こす。「転移」とは、日常的な経験で置き換えることの困難な、精神分析に固有の現象であるが、その内実については、すぐ後に検討することにしよう。通常の認識において「すべて」がそこにあると信じられる知の体系の外部におかれる二つのものの結節は、「幻想（$\$ \diamond a$）」と呼ばれる状態を引き起こし、そのただ中に新たな理念（S_1）を生み出す。知の一貫した体系の中に位置づかないaと$\$$との結節は、その非限定的で開かれた関係（◇）のうちに、分析を受ける者の自己を新たに承認しうる理念を産出するのである。

$$\frac{a}{S_2} \rightarrow \frac{\$}{S_1}$$

こうした、日常的な経験の延長には容易に理解しえない事柄を、精神分析の密室的な言語空間から引き離して考察するためには、そこで起こる現象を、歴史的に共有されうるヒステリー者＝哲学者の事例に即して検討する必要があるだろう。ラカンによれば、「方法的懐疑」によって既存の知の体系を相対化していくデカルトは、近代哲学の基礎となる理念（「我思うゆえに我あり」）を確信する過程で、「転移」と呼ばれる状態を経ているとされる。[63] 精神分析のセッションにおいて引き起こされる「転移」とは、どのような状況を示しているのか。デカルトの「症例」に即して検討することにしよう。

デカルトは「方法的懐疑」と呼ばれる手段によって、既存の知の体系において妥当と見なされることを敢えて疑い、「自己」の存在をも含めたすべてを疑いの中に投げ入れた。超越的な根拠によって語られる神学の枠組みを括弧に入れ、少しでも疑問の余地があるものすべてを手放した後、デカルトは、目の前に見える世界も、自己とみなしていたはずの存在も揺らいだ疑いの闇に足下をすくわれることになる。それまで信じられていた知の体系全体を手放し、そこで承認されていた自己も奪われた状態に陥ったデカルトは、それゆえ、正しくヒステリー者（$) と呼ばれる存在となったということができる。ヒステリー者とは、既存の知の体系において承認される自己の要求に満足せず、無意識の主体の欲望の闇に行き場をなくした状態にあるものと定義されるのである。すべてを疑いの中に入れ、確かな土台となるものを求め続けながら、最終的に既存の知の体系全体の放棄へと至る「方法的懐疑」は、デカルトをしてヒステリー者とするに十分なものであったといえるのである。

知られるように、その疑いのただ中でデカルトは、唯一確かといえる事柄を発見する。すべてを疑いの中に入れてなお唯一確かであるのは、まさにこの「私は疑っている」ということそのものに他ならない。すべてのものを疑う中で、「疑っている」というその都度の思考作用は、現に「疑っている」限りにおいて確かにあるといいうるのである。

しかしながら、ここでデカルトによって見出された確実性は、そこから直接「疑っている私」の存在の確実性に行き着くものではない。デカルト研究者も指摘するように、[64]「疑っている」という思考作用の確実性は、その都度その都度の「思考」においてのみ確信されるものであり、時間を通じて変化することのない思考の主体の存在を示すものではない。「方法的懐疑」によってデカルトが見出す「疑っていることそのもの」の確実性は、過ぎ去った後になお確かであったと見なされるものでも、次の瞬間も確かであろうと期待しうるものでもなく、その都度の現在に作用する限りにおいて確かめられるものなのである。

だとすれば、「疑っている」という思考作用に付随して「私」という主体が見出されるとしても、それは、その都度その都度、そのような思考作用が感覚される限りで確信される自己にすぎず、時間を通じて変化することのない自己へ無条件に拡張されるものではない。その都度その都度の思考作用（「われ思う」）において見出されるのは、単にその都度の「感覚的確信」に基づいた断片的な自己であり、瞬間ごとに立ち現れては消えるそれらの断片が、同じひとつの自己へとまとめ上げられる保証はどこにもないのである。

先にみたように、カントはこの問題を回避するため、「統覚」と呼ばれるものがなければならないと考えた。現に人が時間を通じて変化することのない「自己」の意識を持っている以上、その都度その都度の感覚をまとめあげる「統覚」が必要とされるとしたのである。それに対してヘーゲルは、そのような機能をあらかじめ想定することなく、時間を通じて変化することのない自己が確立する過程を示していた。ヘーゲルにおける主人と奴隷の弁証法は、その都度その都度の感覚においてのみ確信される生命＝欲望としての自己が、他者に対して承認されることで時間を通じて変化することのない「自己」の意識を確立する論理過程を示すものだったのである。

すなわち、デカルトが「方法的懐疑」によってヒステリー者（$\$$）となることで見出した確実性とは、ヘーゲルにおいて共通の理念に参入する際、斜線を引かれて排除される生命＝欲望としての主体（$\$$）そのものの確実性であり、理念的体系のうちで承認される「自己」とは異なるものという必要がある。知の体系の外部に見出される「自己」の確実性は、時間を通じて変化することのない「自己」の意識の外側におかれた欲望の主体（$\$$）であり、その都度その都度の感覚に即して確信されるにすぎないものなのである。

デカルトはしかし、「われ思う、ゆえにわれあり」と、その都度の感覚に基づく断片的な自己の確信（「われ思う」）を、直ちに時間を通じて変化することのない自己の存在を示すものとして理解する。単にその都度の感覚において確信されるだけの自己を足がかりとして、デカルトは一息に、時間を通じて同一の自己の存在へと跳躍を遂げるのである。論理的な演繹としては明らかな「跳躍」を含むデカルトの推論を支えているのは何か。その点にこそ、「転移」と

呼ばれる現象が現れているとラカンはいう。単にその都度の感覚において確かめられる自己を、他者に対して承認された自己と見なす際にデカルトは、「神」と呼ばれるものを導き入れているとラカンはいうのである。

デカルトにとって出発点となる「コギト（われ思う）」において――デカルト主義者たちはこうした論点については投げ出してしまうかもしれませんが、私はこの点をこそ議論しなければなりません――「われあり」へとひっくり返されてしまう「われ思う」が指し示しているのは、ひとつの現実的なもの（un réel）です。しかし、真実はまだそこでは外部に止まっていますから、すぐ次にデカルトは何かを確保しなければなりません。それは何でしょうか。騙すことのない大他者（un Autre）、さらにいえば、それが存在するというだけで諸々の真理の基礎を保証することのできる大他者、彼が確保したばかりのその現実自体から真理の次元を見出すために必要な基礎が、彼自身の客観的理性のうちにある、と彼に保証する大他者を、デカルトは確保しなくてはならないのです。このように真理を大他者の手に委ねてしまうことがもつ驚くべき帰結を、私はただただ指し示すことができるだけです。ここでの大他者とは、真理を司る完全な神です。なぜなら、この大他者が何を言おうと、それはつねに真理であるはずだからです。たとえ神が二足す二は五だと言ったとしても、それは真だということになるでしょう。このことは何を意味するのでしょうか。それは、幾何学を解析学へと変える代数記号を用いた操作がやがて始まるということであり、集合論への扉が開かれたということであり、さらにはすべてが真理の仮説として認められうる、ということです。［Lacan:XI,44-5］

「われ思う」から「われあり」へと至る推論の過程でデカルトは、騙すことのない「神」を召還し、論理の跳躍の土台とする。その都度その都度の瞬間においてのみ確かな「私」、瞬間ごとに立ち消えて、その間の同一性が保証されていない諸々の「私」が、その都度異なる「私」ではなく同一の「私」であるために、瞬間ごとに世界全体をそのように創造し続ける「神」が存在しなければならない。デカルトにおける「神」の連続創造説は、そこでは、「われ思うゆえにわれあり」という推論自体を支えるものとして機能することになる。[65]「われ思う」というその都度の瞬間の「現実（réel）」から「われあり」という「真理」へと至る過程において、デカルトは、世界全体をそのようなものとして保証する大他者を召還するのである。

ここでデカルトが経験しているものが、精神分析において「転移」と呼ばれる現象に他ならない。デカルトはここで、ほとんど何の文脈もなしに、しかし絶対的な確信をもって「騙すことない大他者」の存在を見出している。この、論理としては飛躍としかいいえない推論の確信を支えるものが、「転移」なのである。それは、その都度の感覚に断片化されたヒステリー者の無意識の主体（$\$$）が、認識の枠組みの外におかれたもの（a）と出会うことで現出する。知

の体系の外側に排除される二つのものの結節は、「幻想（$\$ \diamond a$）」のただ中に、新たな認識の枠組みを支える理念（$S_1$）を産出するのである。デカルトの観念に到来する「神」は、精神分析において、「転移」による「幻想（$\$ \diamond a$）」のうちで確信されるものなのだ。

　では、このときヒステリー者の欲望の対象となる剰余(a)は、どのようなものなのか。それは、知の体系の外側に排除されるものとして定義される以上、原理的に知の枠組みの中で同定されるものではありえない。「自己」の意識の外におかれた欲望（$\$$）と、知の体系から排除されたもの（a）との出合いは、原理的な記述不可能性を持っているのである。だが、知の体系の中に位置を持たないからといって、それらの存在の確認が困難なわけではない。知の体系の中で同定されない対象aは、例えば「眼差し」や「声」などの形態において、[66] 知の枠組みを越えて人々の欲望に直接的に到来することが比較的容易に認められる。

　実際「眼差し」は、知の体系において同定される「目」とは異なる位相において、対面する者の内面を貫く。人は眼差しの奥底に、目の前にいる具体的な他者の存在を越えた何ものか(a)を、ほとんど避けがたい直接性において看取する。[67] そうした「直接性」は確かに、知の体系に位置づけようとするや否や消え去るものだろう。そこにあるのは「目」でしかないと言い聞かせるだけで、眼差しは消去される。だが、そのような知の体系の適用による無化を試みない限り、眼差しとの対面は、否応のない仕方で無意識の欲望の主体（$\$$）に作用を及ぼす。目を逸らさずに継続する眼差しの対面は、単にそのことだけで、「幻想（$\$ \diamond a$）」と呼ばれる結節を引き起こしうるのである。

「声」もまた同様に、語られる内容とは位相の異なる「響き」を持っている。声の響きは、声を発する主体の存在も、声によって語られるものの内容とも異なる次元において、知の体系の外部を響かせる。ナルシスの言葉を繰り返すエコーの「声」が、内容においてはナルシスの知の体系の反復でありながら、異なる位相にある何か（a）の存在を響かせていたように、「声」は、知の体系の外側において、無意識の主体の欲望に直接的な作用を及ぼすのである。既存の知の体系を括弧に入れ、純粋なヒステリー者となったデカルトは、こうした知の体系の外部にある対象aと出会うことで、論理では越えられない壁を突破する。近代哲学の基礎となる理念「われあり」（S_1）は、デカルトにおける「幻想（$\$\Diamond a$）」の中から産出されるのである。

このような分析家のディスクールを動機づけるものは、「知（S_2）」への欲望である。ヒステリー者に対して対象aを提示し、新たな理念S_1を産出する「分析家のディスクール」は、その対話を動機づけるものとして、「真理」の場所に「知（S_2）」を持っている。「知としての真理とはどのようなものでしょうか。……それは謎です。謎というのがその問いの答えなのです」[Lacan:XVII,39]。「分析家のディスクール」において対話の発動を動機づけるのは、「謎」として明らかでない「知の体系」だとラカンはいう。この節の冒頭、四つのディスクールを検討しはじめる際に触れたように、一見して理解の困難な図式を「謎」として提示すること自体が、ある種の精神分析的意味をもっていた。つまりラカンは、自らの議論が、それ自身、ひとつの

「分析家のディスクール」として機能することを目指していたのである。

　分析家の対話が発動し、ヒステリー者に対して対象aが現出するのは、そこに「謎」としての知を求める欲望が機能しているからである。対象aが、眼差しや声などの形態において現れるのも、そこに既存の知の体系の中には還元されない「謎」が見出されることによっている。ヒステリー者としてのデカルトが、論理では越えられない跳躍を果たし得たのも、すべてを疑いの中に入れながら、いまだ判然とした姿をもたない「知」を探求し続けることによっていたのである。

　ラカンがいうように、ひとたび開かれた幻想（$◇a）の中では、原理的に多様な理念（S₁）の産出が可能となる。「＋」を「クワス」と読み「六八＋五七＝五」を是とする知の体系が、既存の知の枠組みに矛盾しながら平行的に可能であるように、幻想の大他者が「二＋二＝五」と語れば、それはひとつの理念（S₁）として機能する。デカルトが迎え入れた「誠実な神」は、ひとつの理念が理念として機能しうることを保証するだけで、同様に産出されうる様々な理念の間の無矛盾を保証するものではない。他と並び立つ平行的な理念が、実際に理念としてヒステリー者の確信を支えうるのは、それが確かに「幻想」から導かれたということだけによっているのだ。既存の知の体系によらず、その枠組みから排除されるもの（a）と確かに出会ったという確信だけが、論理を越えた理念の確かさを保証しているのである。

　こうして幻想（$◇a）のうちに産出される理念は、しかし、それだけでは単に可能な理念のひとつにすぎない。平行して可能な諸理念のうち、特定のひとつが絶対的に確信されるとしても、それだけでは、そのヒステリー者にとっての確信にすぎない。論理を超越した幻想の中に見出される理念が、既存の知の体系での自己との関係に困難を抱える者の確信の支えとなるとしても、同様に産出される諸理念との間の通用性を保証しないのだ。すなわち、分析家のディスクールもまた、他のすべてのディスクールと同じように、「真理」の場所で対話を動機づけるもの（S_2）を獲得することはないのである。仮にもし、そこで得られた理念を基礎にして、複数の人々が参与する体系的秩序が実現し得たとしても、それは「主人のディスクール」か、「大学人のディスクール」か、あるいは再び「哲学者」をして懐疑へと陥れる「ヒステリー者のディスクール」か、いずれかの対話が再び始動することでしかない。ひとつのディスクールにおいて求められていたものが実際に獲得不可能であることが明らかになるとき、他のディスクールへの移行の契機が発生する。分析家の対話が、分析家のディスクールとして何らかの理念的秩序を構築することは不可能であるといわなければならないのである。

だとすればしかし、奴隷たちの対話における構造的危機を回避するような、新たな「経済」のあり方は、ラカンの議論によっても見出されえないのだろうか。分析家のディスクールもまた、それ自身安定した構造を維持しうるものではなく、他の対話へ移行するほかにないものだとすれば、主人のディスクールや奴隷＝大学人のディスクールとは異なる社会構造を求める試みは、完結しないことになる。自らの「自由」によって、資本という理念が支える秩序へと進んで参入し、構造外的な視点から「欺瞞」と見なされる構造内的必然性によって自らを規定し続ける構造を相対化してきた本論が、ひとつの「ヒステリー者」として探求してきた問題は、結局のところ、袋小路に至ってもとの道に引き返さざるをえないように見えるのである。

だが、そのような判断は早計だといわなければならない。というのも、仮にもし本論の道行き自体がヒステリー者＝哲学者の欲望に基づくものであるとすれば、その「欲望」に対して、いまだ対象aは立ち現れていないからである。本論のこれまでの議論において、分析家のディスクールの構造が記述されているとしても、その対話の実践にまでは至っていないのだ。本論は、あらかじめ可能性を限定しただけで、新しい理念の産出を行ってはいないのである。

ヒステリー者としての本論が、分析家のディスクールを実践し、新たな理念を提示するためにも、以下、ラカンの図式において示された事柄をあらためて「謎」として引き受け、既存の知の体系の外側で新たな理念を見出す必要がある。ヒステリー者としての本論の問いが、未来に向けて信じるに足る理念を引き出すためには、さらに進んで、知の体系の外に排除される「声」に耳を傾ける必要があるのである。最後に問われるべきは、すなわち、「分析家のディスクール」の実践の可能性である。

第三節　響きの経済学

資本を理念とする普遍化可能な規範によって人々の行為を規定する「経済」は、人々がともに奴隷であることによってのみ維持されるのであった。人々の欲望を導く「富と名声」のイデアの輝きは、エコノミーについての人々の確信にのみ基づいており、その未来に不確定が現出するや否や、構造全体の危機を顕わにするものだった。信用不安に発する経済危機の問題は、単に普遍化可能性の形式だけを満たすような理念、個々人の主観的な価値判断から切り離されたところから、人々の行為を規範的に規定する「富と名声」のイデアの欺瞞に対して、人々がもはやその構造の中に自己を積極的に見出すことが困難となっている状況を示している。資本の普遍化可能性によって規定される形式的な規範と、その認識の枠組みの中に承認されない人々の斜線を引かれた主体の欲望との分裂が、輝きに衰えを見せるエコノミーへの人々の参与を阻害し、そのことが「経済」という構造に危機をもたらしたと考えられるのである。

そのような危機を回避するためには、人はそれでも、自らの主観的な判断において「欺瞞」と見なされうるものに対して、敢えて自らの「自由」によって積極的に服従しなければならないのだろうか。普遍化可能性に開かれた秩序として、人々にともに認められる資本の論理で自己を規定しなければ、単なる「ヒステリー者」として「経済」の外部に排除されるだけだとすれば、「経済」のうちで奴隷として承認される自己との関係に困難を覚えながらも、なお人は「欺瞞」と見なされうるものを信じるほかはないことになる。

だが、既存の知の体系に奴隷として承認される自己との関係に困難を覚えることにおいて、「ヒステリー者」と定義されるものの特質を幾分かでも含みもつ人々に対して、いまだなお衰えぬ資本の力を示してエコノミーへの参与を促すのでもなく、あるいは新たな理念がどのように機能するかを問わないまま、単に既存の知を破壊するということだけを信の基盤として、「主人のディスクール」へと回帰するのでもなく、新たな人々の対話を構築する道はないのだろうか。水鏡にうつる理念に自己を奪われるナルシスの無意識の主体（S）に、エコーの「声（a）」をいかにして届けるのか。その問いが新たなかたちの「経済」のあり方を示す鍵となる。

1　響きの反復と「同一性」

前節の最後に確認したように、ラカンが示す分析家のディスクールを、単にヒステリー者の「不満足」の解消の過程と理解するかぎり、そこに新たな「経済」が生起する可能性はなかった。対象aとヒステリー者との出会いが、その開かれた関係のうちに確信に足る理念を産出するとしても、それだけでは、単にヒステリー者がそれぞれに確信しうる理念を獲得するだけで、共通の理念的な体系を構築することはできなかったのである。資本という理念に対する不和を抱えて「経済」の外部へと排除されるヒステリー者のそれぞれを、分析家の対話によって「治療」することができたとしても、それだけでは、現に多くの人々の欲望を導いて、その存立が確信されている「経済」に平行したいくつかの理念が産出されるだけで、全体の社会的な構造を変革させるにはいたらない。「幻想」のうちに見出される様々な理念は、そこでは、単に幾人かの人々の「主観的」な確信を支えるだけで、既存の「経済」を転回することはないのである。

だが、もしそこで、分析家の対話において生み出される理念（S_1）が、それ自身、ひとつの「声（a）」として人々の耳に届けられるとするならば、どうだろうか。分析家のディスクールの実践によって生み出される理念（S_1）が、そ

$$\frac{a}{S_2} \to \frac{\$}{S_1}$$

れ自身、他のヒステリー者に対する「声（a）」として響くとするならば、そこに、分析家の対話が連鎖して引き起こされる「経済」の構造が見出されることになる。そこでは、「欺瞞」を含みうる「経済」において自己を見出すことに困難を覚えるヒステリー者たちが、分析家のディスクールの実践による互いの生産物を供与し合い、平行して重ならない諸理念の間に連続的な関係を構築するのである。

各人は、異なる主体が産出した「生産物」を自らの欲望の対象とし、既存の知の体系の外側にそれぞれの仕方で「幻想」的な関係を構築する。その「幻想」が純粋なものであればあるだけ、すなわち、既存の知の体系から排除されるもの（a）と確かに出会ったという確信が強ければ強いほど、そこから産出される理念は絶対的なものとなる。それぞれの主体は、そこに語られる内容とは異なる次元の「声」を聴き取り、自らの対話を始動するのである。S_1をaとして機能させる分析家の対話の連続は、このようなかたちで、既存の「知の体系」のうちに斜線を引かれて排除されるヒステリー者の主体を繋いで、自律的に「発展」する構造を持つことになる。

分析家のディスクールによる生産物は、それ自身、他の対話を動機づけるものとして、波状的に伝播していくのである。

ここでの関係性は、しかし、互いの間でいかなる共通の理念もないままに構築されるものであることを見る必要がある。何らかの共通の理念（S_1）を承認し、それぞれの主体が同じひとつの「知の体系」に参入するならば、そこには構造的に不可避に、剰余の排除と生命＝欲望としての主体の無化がなされる。主人のディスクールであれ、奴隷＝大学人のディスクールであれ、ひとつの理念的秩序を共有することは、不可避的に主体からの剰余の搾取を生起させるのである。それに対して、それぞれの「幻想（$\$\diamond a$）」のうちに産出される理念（$S_1$）をaとして互いに関係し合う「経済」においては、生命＝欲望の次元の主体に斜線を引かれることはない。各々の主体は、いっさいの構造的な搾取を受けることなく、互いの対話の生産物を享楽し合うことができるのである。各人は、その都度の対話における対象aとの出会いを絶対的な確信をもって享楽しながら、互いに関係し合うのだ。

だが、いかなる「同一性」も保証しない関係性は、実際、持続的に「発展」可能なものであろうか。それぞれの対話において生起する「幻想（$\$\diamond a$）」の中に産出される理念の間には、いかなる「同一性」も保証されていない。分析家の対話の連続によって産出される諸理念は、その都度ヒステリー者の「跳躍」によって確信され、それぞれの確信の内容を異にしている。それぞれの対話ごとに独立した「幻想」から引き出される理念は、互いに平行して対立し合うとしても、重なり合うことはないのである。分析家の対話の連鎖が、人々の欲望をそれぞれに繋ぎ合わせながら、自律的に発展する構造を持つとしても、そこには、互いの間で共通のものを認め合う認識の枠組みにおいてすら、「同一性」が保証されないのだ。

しかしながら、それぞれの「幻想」から導き出される理念が、互いに対立を含みながら、決して同一のものへと収斂しないという事態は、分析家のディスクールの連鎖を促す原動力となりえても、その不全を意味するものではない。aがaとして立ち現れ、分析家の対話が始動するためには、先に見たように、「謎」として潜在する「知の体系」が「真理」の場所におかれる必要があった。既存の知の体系に対する「不満足」を抱えるヒステリー者が、対象aとの間に非限定的で開かれた関係（◇）を構築するためには、「謎」として示される「知」の探求が、不可欠だったのだ。他者が産出する理念(S₁)によって指し示される潜在的な「知の体系」を「謎」として引き受けることは、それゆえ、分析家のディスクールが連続的に発動するための不可欠の要因となっている。互いに平行して矛盾的対立を含む諸理念は、まさに互いに決して重なり合わないことにおいて、人々の欲望を喚起し続けるのである。

実際、人々が同じひとつの認識の枠組みのうちに、「同じもの」を認め合うことは、人々の欲望が互いに関係し合うために不可欠のことではない。人々が同じひとつの共通の理念へと合致し、同じようにその体系の中で「労働」し、同じ奴隷とならなければ、人々は互いに関係し合えないわけではない。外的な視点からみて「欺瞞」と見なされる構造のうちで、その構造を維持することだけを目的に、互いに搾取され合い続ける構造は、人々の間でありうる「経済」のひとつの形態にすぎないのである。互いの差異を原動力とし、その対立の向こうに「声」を聞き続ける営みの連鎖もまた、ひとつの「経済」として自律的に発展する構造を持ちうる。同じひとつの共通の理念のもとにあることは、そこでは、各人が自らの手元にある確信を奪われることにおいて、新たな「経済」の発展を阻害する契機にしかならないのである。

2 「愛」における差異と反復

このような諸理念の産出の連鎖は、しかし、互いに関係し合う可能性をもつとしても、人々の欲望を不断に惹き付けて持続的に発展する契機を持ちうるだろうか。連鎖的に産出される諸理念が、同じひとつのものへと収斂せずに展開する「経済」は、人々が互いに関係し合える限界を越えて散逸するようにも思われる。平行して存立し対立する諸理念は、互いの間の関係性の構築を単に偶然的なものとするだけで、互いの欲望を喚起しうる範囲を超えて分散するようにも思われるのである。

ラカンがいうように「幻想」のただ中から産出される理念（S_1）は、その本性として、「群れ」［Lacan:XX,130］をなすものといえる。理念として措定されるS_1（エスアン）は、フランス語で「群れ（essaim：エッサン）」という「声」を響かせる。S_1は、「謎」として示される「知（S_2）」を目指すことにおいて軌を一にしながら、本性上、多様なものなのである。

$$S_1(S_1(S_1(S_1 \rightarrow S_2)))$$

すでに何度か見たように、分析家の対話の連鎖において産出されていく諸理念もまた、このような乱立を示す。「幻想」のうちに産出される諸理念は、互いに重なり合わないまま、それぞれに「謎」として示される「知」を追い求めるのである。

だが、こうして乱立される諸理念は、互いに独立して無関心な関係を保つのではなく、それぞれの対話において、その都度、「謎」の解明を通じた全体的な一致を目指すものであることを見る必要がある。そして、それぞれの対話において立ち現れる「幻想」は、その都度、決して互いに重なり合わないものが、その理念において統合されることを「確信」していたのだ。ラカンの最晩年のセミネール『アンコール』において主題とされた「愛」は、そうした、決して重なり合わないものの一致を求める人々の欲望を示すものであった。「愛」とは、そこで、異性間の性愛だけを示すものではなく、すべてのものを「一」へ調和させようとする欲望として定義される。「愛」とは、本質的に達成不可能な「一」を「幻想」によって補完するものであり、「謎」としての知を追い求めるヒステリー者＝哲学者のすべてに認められる欲望と見なされるのである。[68]

その都度の対話において生起する「愛」は、その「幻想」において、決して重なり合わないはずのものが一致したかのような夢を見る。それは、その「幻想」が純粋であればあるほど、すなわち、知の体系によらず、その枠組みから排除されるもの（a）と確かに出会ったという確信が強ければ強いほど、かたく信じられるものとなる。「偶然性」は、そこで「愛」によって、「必然性」へと移行することになる［cf.Lacan:XX,133］。「群れ」として乱立する諸理念は、互いの関係を偶然的なものとしながらも、その都度の対話において、すべてのものを「一」の必然的な調和へと統合させたかのような確信をえるのである。

S_1をaとして、分析家の対話を連鎖させる「経済」の構造において、対象aとヒステリー者の結節を媒介としたS_1の生成の連鎖（$S_1 \rightarrow S_1' \rightarrow S_1'' \rightarrow$……）は、それゆえ、決して同じひとつのものに収斂せず、散逸するものでありながら、その都度の「幻想」において絶対的な確信をもって関係づけられる。互いに対立を含みながら平行する諸理念は、互いの間に絶対的な差異を含みながら、なおその都度「同一」なものとして反復される。決して重なり合わない諸理念は、それでもなお各人の「愛」によって、その都度その都度の「幻想」のうちに一致を確信し合うのである。

3　「愛」による「作品」の産出

それぞれの対話において産出される理念が、その都度絶対性をもって確信されるものだとすれば、その確信をもってさらなる「謎」の探求が止む可能性が常にあることになる。その都度の対話において確信される理念が、その「幻想」の確かさにおいて、続く対話の可能性を排除するものとして機能するならば、そこで分析家のディスクールの連鎖は途絶え、他の隷属的なディスクールの形態へと回帰が生起することになる。「幻想」の中に確信されるものが、ヒステリー者の自己を捉えて、新しい理念的な体系から離れる契機を失わせるとすれば、そこでは、新たな主人、新たな大学人、新たなヒステリー者が生まれて対話を始動させる機会が出来するのである。「愛」と呼ばれるものが、決して重なり合わないものを、なお「一」へと調和させようとするものである限り、「愛」の名において獲得されたものを固着させる契機が逃れがたく残されることになるのだ。

分析家のディスクールを、他のディスクールへと回帰させず、それ自身において持続的な「経済」を構築するものとするためには、それゆえ、産出される理念をaとして機能させ続けるための構造的要素を確保する必要がある。「愛」の「幻想」において獲得された確信を、特定の知の体系に閉じるものとして作用させることなく、不断に新たな対話へと開くためには、絶対的なものとして確信される理念（S₁）を、それ自体として新たな対話へと供する必要があるのである。それはしかし、実際に、どのような仕方で現実化しうるだろうか。最後に、ひとつのありうべき「経済」の具体的なモデルを示すことで、本論で展開してきた対話を閉じることにしたい。

先に見たように、ヒステリー者と対象aとの間の非限定的で開かれた関係（◇）から産出される理念（S_1）が、それ自身、aとして機能するためには、その理念によって指し示されるものを「謎」として、新たな対話を始動させる必要があった。人々の「愛」において確信されるものが、次の異なる対話へと連なっていくためには、「愛」によって産出されたものが、それ自身、ひとつの「謎」として、人々の欲望を喚起する必要があったのである。そのような構造は、例えば、「愛」の「幻想」のうちに確信されたものを、ひとつの「作品」として示すことによって可能となる。ヒステリー者の確信を支える理念（S_1）が、自らの存在も含めたすべてを「一」へと調和させるものでありながら、それ自身、ひとつの「作品」として、それを創り出す者の外部におかれるならば、そこには不断に新たな対話が開かれる可能性が担保されることになるのである。

「作品」とは、この場合、既存の認識の枠組みの中で同定されている形式による再生産を意味するものではない。「作品」がそのようなものであるとするならば、そこには分析家の対話を連鎖させていく契機はない。既存の知の体系を前提とした再生産は、新たな理念の産出の連鎖には結びつかないのである。

ここで「作品」と呼ぶものは、それゆえ、ヒステリー者と対象aとの結節における非限定的な関係から直接的に引き出されるものとして定義されうることになるだろう。すなわち、「作品」が「作品」であるために必要とされるのは、それが純粋に「幻想」の中から導きだされているかにかかることになるのだ。「作品」の価値とは、そこでは、既存の知の体系のうちで一般性を獲得した何らかの尺度によってはかられるものではなく、「幻想」の純粋性によってはかられる。分析家のディスクールの連鎖において、それぞれに確信し合う主体の関係を媒介する「作品」の価値は、「作品」として定義される条件にどれだけ合致しているかということに求められるのである。

「資本」を理念とする「経済」において価値の尺度となっていたのは、交換の尺度として諸商品の一般的な通用性を保証する貨幣であった。貨幣は、それぞれに異なった使用価値をもつ商品を、ひとつの共通した形式によってはかることで、価値の尺度となっていたのだ。そこでは、各々の主体が自らの生産物を媒介として他者と関わるために、同じひとつの「経済」に参入することが不可欠の要件となっていたのである。それに対して、分析家のディスクールの連鎖によって形成される「経済」の価値は、自らの対話の純粋性に応じてはかられる。新たな「経済」においてそれぞれの主体は、同じひとつの体系への従属を前提とされることなく、自らの生産物を他者との交換に供することができる。分析家のディスクールの連鎖による「経済」は、各人の生産物の価値を、「幻想」の純粋性において、すなわち、既存の知の体系によらず、枠組みの外側にあるものと確かに出会ったと確信される度合いに応じてはかるのである。

こうした理想的な「経済」のあり方の描写を「幻想」と片づけることは容易であろう。実際、ヒステリー者としての本論がここで試みているのは、分析家のディスクールを実践することであった。ラカンの図式を「謎」として引き受け、そこで語られる内容の背後に響く「声」を聴くことで産出されるのは、それ自体として、ひとつの「幻想」というべきものなのである。だが、本論が示したことは、まさに「幻想」が「幻想」として十全に機能することこそが、新たな「経済」が起動するための不可欠の要件となることであった。分析家のディスクールの実践が、実際に「経済」を形成しうるためには、ヒステリー者と対象aとの結節によって産出された理念が、現に人々の「愛」を喚起する力をもたなければならないのである。

「エコー」よ、響け、響いてくれ。この自己同一の世界に欲望をもたらせ。本論が、ひとつの「作品」として、読者に届くことを祈りながら、ここに筆を擱く。

注

1　cf.〔可児、208f.〕

2　以下の議論は、ラカンの『エクリ』におさめられた「論理的時間と予期される確実性の断言」を参照。〔cf. Lacan: Écrits, 197ff.〕

3　この章は、科研費基盤研究（Ｂ）「エコノミー概念の倫理思想史的研究」（代表：麻生博之）の枠組みの中で行われた研究会の成果がもとになっているが、そこで明らかになったことは、「エコノミー」という概念が、キリスト教神学のみならず、近世・近代の思想において非常に重要な役割を持っていたにもかかわらず、それぞれの分野でこれまで限定的な研究がなされるにとどまっているということであった。この点に関しては、当該科研費報告書に収められた「原典資料集」を参照いただきたい。〔cf.Kaken〕

4　cf.〔松森、89f.〕

5　「彼ら〔ストア派の人々〕は地上のものを天空のものに、天上のものを地上のものに当てはめて、まるで音楽の比率によって、万有の部分が場所においては隔たっていても同族性においては分散しない仕方で相互の共通性と共感応（συνπάθεια）によるもっとも調子の合った協和が成り立っていることを示す人々のようである。」〔SVF:II,532〕

6　この点については、例えば、〔荻野〕〔土橋〕などを参照。

7　「オイコノミアの概念は、ヘレニズム期の哲学のうちで豊かに展開され、ストア派の思想と表現が一般的な言葉遣いで注視され継承された結果、『新約聖書』の書き手たちにとっても、また初期の教父たちにとっても、それによって世界における神の支配を描き出すことができるかぎり、親和的なものであった。」〔Richter,25〕

8　cf.〔田川、800ff.〕

9　四世紀末に「発見」された『セネカとパウロの往復書簡』は、同時代人であった二人の間の架空の対話として、後代に創作されたものであったが、荻野弘之がいうように、そうした創作が成立するということ自体に、「『ストア派のモラリスト』としてのセネカに対する教父たちの親近感」［荻野、132］が示されている。

10　「エイレナイオスは、他のすべての教父と同様に、「グノーシス」とか「グノーシス的」という言葉を一度として悪い意味で用いていないという事実である。彼は、ウァレンティノスやバシレイデスやカルポクラテスや他の誰に対しても「グノーシス的」であるとして非難したことはたえてない。非難の的になっているのはむしろ、彼らが自ら「グノーシス的」であると称しているにもかかわらず、そうではないという点である」［ブイエ、144］。また、［Agamben,2.9］を参照。

11　「ヨーロッパ中世の神学的著作には、オイコノミアという語は見いだされない。このことは、「当時の人々が話していたのはラテン語であり、オイコノミアは外国語であった」ということでは説明できない。テルトゥリアヌスはあえてその語を採用したのだし、中世全体を通じてオイコノミアは——家政についての偽アリストテレスの〔『経済学』の〕教説を伝承した——Oeconomia というラテン語化されたン語化された形で存在していたからである。神学的文献にオイコノミアという語が見いだされない理由は、むしろ教理学の叙述の方法が変化したことにある。……そしてそのことにはまた、次のような事態が関与していたことも確かである。つまり、エイレナイオスとウルガタ聖書以来の伝統においては、oikonomia が dispensatio 等々の表現に置き換えられたという事態である。」［Richter,601f.］

12　そのことは、しかし、Oeconomia というラテン語化されたギリシア語の使用が消滅することを意味しない。その語は例えば、弁論術や修辞学の分野で使用されているのが確認されている［cf. Kaken,134］。弁論や修辞の文脈での「オイコノミア」概念は、それ自身で非常に重要な問題を含んでいるが、本論では十分に展開できなかった。

13 「オイコノミアという語が〔ヨーロッパ中世の教義学を越えて〕再び見いだされるのは、それが人文主義における新たな関心と出会ったときである。」[Richter,602]

14 [Walker]、[イエイツ]などを参照。なお、本論ではとりわけヘルメス文書の読み直しに焦点を当ててこの時期のオイコノミア概念の「復活」を論じているが、近代国家論へと連なるスペインでのストア派の自然法論の読み直しや、宗教改革における「オイコノミア」など、前後する時代で錯綜し連関し合うこの語の用法を、ひとつの歴史的出来事に帰して考えることは到底できない。ここでは、近代の「自然学」に連なる「オイコノミア」概念の用法を見るために線的な歴史の表象に訴えるが、この時期のオイコノミア概念の複合的な広がりを検討する作業は別途必要となる。

15 「彼〔トリスメギストス〕は神学の創始者と呼ばれています。その継承者はオルフェウスであり、始源の神学者たちの間では彼が第二の地位を占めます。オルフェウスの聖なる教義の奥義に達したアグラオフェーモスを神学の方面で継いだのがピュタゴラスです。そのピュタゴラスの弟子がフィロラオス、つまりわれわれの敬愛するあの神にも等しいプラトンの師です。」(フィチーノが『ヘルメス選集』を訳出した際に付した解題)[cf. イエイツ、37]

16 「そしてあらゆるものの真中に太陽が座している。というのは、一体誰が、この最も美しい神殿の中で、全体を一度に照らすことができる場所とは別の、あるいはもっと良い場所に、この炬火を置けようか。……トリメギストス〔綴りに誤りがあるが、これは「トリスメギストス」、すなわちヘルメス文書における「ヘルメス・トリスメギストス」を指すとされる。cf.[高橋]、[矢島]〕は、〔この宇宙の中心としての太陽を〕見る神、ソフォクレスの『エレクトラ』は万物を見るもの〔と呼んだ〕。かくして、いわば玉座に座すごとく、本当に太陽は周りをめぐる星々の一族を統べ治めているのである。……そうしながら、地球は太陽によって受胎し、年毎の出産のために身籠もるのである。」[コペルニクス、39][cf. イエイツ、241]

17　cf.［イエイツ、489ff.］。ジョルダーノ・ブルーノもまた、例えば、『図像、記号、イデアの構成について』において、フィチーノの影響を受けつつ、独自の図像学を発展させている。

18　これまで何度も刊行されている（一八八八年、一九五八年、二〇〇五年）ケネーの全集には、『アニマル・エコノミーに関する自然科学的試論』の第二版（一七四七）で大幅に付け加えられた第三巻のうち限定された部分からの抜粋しか収録されておらず、ケネーが医学者として「前近代」的な遺産を引きずっていたことは、ほぼ意図的に削除されているといってよいように思われる。だが、ケネーにおける「エコノミー」概念の用法を考えるためには、「自然のエコノミー」の枠組みにあったことを外して考えることはできないだろう。cf.［Quesnay:AE］

19　cf.［Kaken, 164］

20　たとえば、重農主義を根拠のない「形而上学」として批判するフォルボネも、『商業要論』（一七五四）と『経済の原理と考察』（一七六七）という二つの著書をはさんで、「経済（Œconomique）」という言葉を自らの著書に借り受けている。前者の著作で語られる「commerce とは、明らかなように流通過程を担う、いわゆる「商業・交易」を意味するばかりか、人々の経済活動全般を含み、その全体を統括する総合的概念でもあった。commerce が前者の意味に限定され、後者については economie の語がそれに代わって用いられるようになるのは、重農学派の登場以後のことである。フォルボネの二つの著書、『商業要論』と『経済の原理と考察』の著書名にそうした変化をうかがうことができよう」［米田、174］。

21　cf.［田中：2003,3f.］

22　「われわれは、あらゆる種類の被造物すべてに及ぶ神の自然学的な統治（the physical government of God）を考察してきた。そして、理性的な被造物とその自由な行為も、この神の統治を免れていないことを明らかにした。しかし、神の自然学的な統治は、神の道徳的な統治（his moral government）とけっして相反しないということも、われわれが述べたことから同様に明らかである。ただ理性的な被造物だけが、もっぱらその自由な行為に関して、この道徳的な神の統治の対象となる。至高の主としての神は、道徳的な統治によって、理性的な被造物たちに諸々の法を与える。彼は、報いと罪という制裁とともにそれらの法を示し、報いと罰を配剤する（dispense）ことでそれらの法を執行するのである。」[Carmichael,280：傍点は引用者]。カーマイケルによる区分が、「フィジカル・エコノミー／モラル・エコノミー」に連なることについては、［Kaken,177f.］を参照。

23 ［Moore/Silverthorn,79］

24 「真の道徳の哲学は、自然神学の基礎の上に打ち立てられなければならない。そして、我々の行為において、善と悪との区別に基づいたすべての意志は、……神に対するそれらの行為の知覚された関係から引き出されなければならない。その知覚された関係とは、すなわち、存在についての我々の知識にとっては、最高存在の完全性と摂理なのだ。」［Carmichael］［cf.Moore/Silverthorne,78］

25 cf.［田中：2003,57ff.］

26 第二版以降では、この「あまりにも崇高な対象であり」という部分が削除されている。

27 「神性は、すべての物の第一原因である。」［Kames,A187/B154/C192］

28 ［cf. 田中：2003,81］。後述のスミスの「自然の欺瞞」の理論に対して直接的な影響を与えたものとして、ケイムズのいわゆる「自由の欺瞞的感覚論」があるが、「欺瞞」という用語についてケイムズは第三版において自己批判を加えている。本論では版による相違の少ない箇所を用いたが、それらの違いについての詳細な研究は、［田中：1993,113ff.］を参照。

29 「欲望と行為とは密接に連関している。……もしそうだとすれば、我々の行為は、いかにしても道徳的必然性から自由になることはできないことになるだろう。我々の欲望は、明らかに我々の制御の下にはなく、我々に依存しないやり方で生起する。……道徳的必然に対立する自由とは、もしそれが何らかの意味をもつとすれば、〔道徳的必然を導く〕欲望と対立しながら行為する力、いいかえるならば、いかなる見解も、目的も、デザイン〔すなわち、神による計画〕もなしに行為する力であることになるが、このような力は、しかし、これまで誰によっても認識されたことはなく、理性的存在とは両立しがたい、馬鹿げたものであるように思われる。」［Kames, B130f./C164］。「徳はそれ自身によって報われ、悪徳はそれ自身において罰を受ける」というストア派の道徳論は、カーマイケルも好んで引用するものであった［cf.Carmichael,24］が、「欲望」を「道徳的必然」の原因とみなすケイムズの議論においても、それは前提となっている［cf.Kames,B182］。ケイムズによれば、我々は、我々の意識の統制下にはない「欲望」に導かれることで、神が定めた必然的な構造の中にあることになるのである。

30 例えば、手元の『広辞苑（第五版）』には、「共感：（sympathy の訳語）他人の体験する感情や心的状態、あるいは人の主張などを、自分も全く同じように感じたり理解したりすること」とある。

31 「われわれの行為の唯一の原理と動機は、神がわれわれにそれらを遂行せよと命令したという感覚でなければならない。」［Smith:TMS,III.6.1］

32 「道徳感覚原理に基づく自然法の経験主体化とそれによる新しい道徳哲学の展開の努力こそ、……ヒューム、ケイムズ、スミスらのスコットランド啓蒙思想の共通の基底をなすものとなったのであった」［田中：2003,52f.］。なお、後の田中氏の展開によれば、スミスにおける「経験化」という論点は、カルヴァン派の予定説を前提に調和の作用因の分析へと進んだことと関連して論じられる。［cf. 田中：1993,119］

33 cf.［Smith:TMS,IV.1.8］

34 「ユピテルの見えざる手」［Smith:EPS,31］

35　cf.〔田中：2003,20〕

36　『国富論』と略されるスミスの著作は、正式には、「諸国民の富の自然＝本性と諸々の原因についての研究（An inquiry into the nature and causes of the wealth of nations）」であった。スミス解釈上、nationsをどのように訳すかということはしばしば問題とされるが、natureという語については、本論のように「自然＝本性」としてではなく、単に「性質」として理解することがそれほど議論のないままに定着しているように思われる。だが、原文のなかで並置されているcausesが無冠詞複数であるのに対して、natureは定冠詞付きの単数が用いられていることからも明らかであるように、the natureという語を用いることでアダム・スミスが企図したことが、様々にありうる富の「性質」を数えることではなく、富と呼ばれるべきものの「自然＝本性」を示すことであったことは、明らかである。体系的経済学のはじまりと見なされるスミスの著作において主題となっていたのは、「富」がどのような「自然＝本性」をもつのかということ、すなわち、こういってよければ、「富」と呼ばれるものの「エコノミー」の探求であったと考えられるのである。

37　従来のマルクス経済学とは異なる視点から、あらためて『資本論』に光をあてる熊野純彦が示すように、分業によって個々の労働の生産効率が飛躍的に上昇するためには、単に各人の労働が他から独立して行われるだけでなく、それぞれの労働が一定の見通しの中で全体に組み込まれている必要がある。cf.〔熊野〕

38　「セイは産出量の増大が利潤率を圧迫することを考慮していた。リカードにとって不満だったのは、この見解が販路法則〔セイの法則〕に矛盾するということをセイが理解できなかったことである。実際セイは、戦後恐慌は長期停滞の諸特徴を反映しているという主張さえしていたのである。」〔ホランダー、738〕

39　シスモンディは、経済学史において、セイ＝リカードの「正統派経済学」に対する「異端の経済学者」とみなされる（cf.［吉田］［中宮、7f.］）が、回顧的な視点から、ケインズの経済学の先駆者として位置づけようとする向きもある。

40 ［Walras,119/201］

41 『資本論』第一巻第一篇第一章で展開される価値論は、通常、「価値形態論」と称される。しかし、本論では、マルクスの経済論に哲学者の素養を見る熊野純彦の指摘に与して「価値形式論」という訳語を用いることにしたい。「資本制的な生産様式が支配している社会の富はひとつの「とほうもない商品のあつまり」として現象し、個々の商品はその富の始原的形式として現象している。私たちの探究は、それゆえ商品の分析からはじめられるのである。あまりに有名な書きだしなわけですが、「とほうもない商品のあつまり」というのは ungeheure Warensammlung の訳、「始原的形式」というのは基本形態とか原基形態とかとも訳されますが、原語は Elementarform です。マルクス自身もかつて哲学の徒だったわけですから、Form という語をつかうとき、哲学的な「形式」というニュアンスを切断していないと思うんですね。だからここでは「始原的形式」と訳しています。」［熊野、15f.］。

実際、古典派経済学の議論の枠組みにおいて、労働によって生産される「価値」が「唯一の実体」であるとするならば、様々な商品の形態は、その「価値」を具体的な存在として示す「形式」と見なすことができるだろう。例えば、次のようなマルクスの記述は、そのような考え方を裏付けるように見える。「価値たるかぎりでは、上着もリネンも同じ実体をもつ」［MEW.Bd.23,58］。「この〔20エレのリネン＝1着の上着という〕関係において、上着は〔リネンに対する〕価値の存在形式として、価値物として通用する」［MEW.Bd.23,64］。なお、以下の本論の展開は、上述の熊野の議論に大きな示唆をえている。

42 「この〔20エレのリネン＝1着の上着という〕関係において、上着は〔リネンに対する〕価値の

存在形式として、価値物として通用する」[MEW.Bd.23,64]

43 実際には、為替取引などにおいて貨幣がひとつの商品として価値をはかられることはありうる。しかし、その場合、貨幣の「価値」として問われているのは、形式としての貨幣の力であり、なお貨幣それ自体の価値ではないと考えられる。為替取引で問題とされる貨幣の「価値」とは、それがどれほどの規模の商品交換の体系を支えうるかを示していると考えられるのである。

44 cf.［上山、275］

45 cf.［渡辺、446］

46 江頭が指摘するように、『感覚秩序』におけるハイエクの議論は、経済学者としてのハイエクが採っていた「方法論的個人主義」の否定を含んでいる［cf. 江頭、185］。他の強制力から「自由」に行為する「個人」を出発点とする議論が、その「方法」の妥当性を問われることになるのである。このことは、単にハイエク解釈上の矛盾を示すというよりも、同じように「個人の自由」を自明な前提とするリベラリズムの理論的／政治的運動にとって、根本的な問い直しの可能性を提示するものであるように思われる。この論点についての詳細は、拙稿［荒谷 2005］を参照いただければ幸いである。

47 ［浜田 1981,201ff.］、［浜田 1994,165ff.］

48 ［浜田 1981,213］

49 この点についての詳細は、［Kripke］および［荒谷 2008］を参照いただければ幸いである。

50 カントが「絶対性としての客観性」ではなく、「相対的な客観性」を語っていたことを積極的に評価する論者もいる。［高橋克］は、現代哲学における「言語論的転回」を念頭におきながら、カントが語ったのは形而上学的に規定されるような「絶対的な客観性」ではなく、現代科学へと通じるような「相対的な客観性」であったとして、これを積極的に評価している。だが、そのような「相対的な客観性」が科学において成立することも、単なるカテゴリーに依拠する「悟性」の枠組みだけでは不可能であると思われる。実際、高橋が参照するカントのテクスト（『自然学の形而上学的原理』）は、むしろ、「自然」についての「学」が成立するために、悟性と厳密に区別されるかぎりでの「理性」の機能を要求するものなのであった。

「すべての学説は、それがひとつの体系を、すなわち、もろもろの原理にしたがって秩序づけられた認識の全体をなすと認められる場合には、学と呼ばれる。そしてそれらの原理は、諸認識をひとつの全体に結合するにあたっては、経験的な結合の原則であるか、合理的な結合の法則であるかのいずれかでありうるから、自然学はまた、……記述的な（historisch）自然学か、合理的な（rational）自然学かに分類されなければならないことになろう。」[Kant:IV,467-8]。このようなカントの分類のうち、「経験的な結合の原則」は、「経験」に関わる限りで「悟性」の学といえるが、「合理的な結合の原則」は、経験から離れた原理のみを考察する限りにおいて「理性」の「学」というべきものであるだろう。「記述的／合理的」という区別についての『純粋理性批判』の分類も[Kant:KrV,A836/B864]、このことを裏書きする。カントはこのうち前者を単なる「自然論」、後者を探求の対象としての「自然学」と位置づけ、さらに「本来的」な自然学を、経験法則に関わる「非本来的」な自然学と区別しながら、「自然学」を「理性」の学として位置づけていた。この点、高橋は、『自然学の形而上学的原理』における「理性」と『純粋理性批判』における「悟性」を意図的に混同しながら［cf. 高橋克、56,62,63, etc.］、「相対性としての客観性」の成立を論じている。

しかしながら、まさに高橋がいうように、「そのような〔カントの「相対性としての客観性」の〕思想が矛盾にも懐疑主義にも陥らないですんでいるのは、科学において理性による認識の構造化が成功を収めているという事実があったから」［高橋克］だといわなければなるまい。本論の立場からすれば、そこにこそ、悟性と区別されるかぎりでの「理性」の機能があると考えられるのである。

51　この点、カント解釈においてもしばしば論争になるポイントで、悟性による経験に依存しない認識の構造を示す「超越論的分析論」をカントの理論の核心と見なし、その後の「超越論的弁証論」の記述を「理性」能力の批判的制限を論じるだけのものと見なす立場と、「超越論的弁証論」における「理念」の「統制的使用」にカントの理論の積極的な意味をみる論者に分かれる。例えば、ストローソンは、「超越論的弁証論」に付された「純粋理性の理念の統制的使用について」の議論を「副次的テーゼ」として切り捨てる［cf.Strawson,16］が、ハイムゼートはカントの分析論の「形而上学」への展開を積極的に評価している［cf.Heimsoeth］。カントの「弁証論」についての評価は、論者の「形而上学」への態度の取り方によって異なるが、しかし少なくとも、カント自身の企図として、「弁証論」における理性使用の積極的規定が必要と見なされていたこと、そして、そのことが「実践理性」への展開に不可欠の要素となっていることは、ほぼ確かであるといえる［cf. Kant:KrV,A569/B597,A641/B669, Kant:V,31］。そして、そのようなカントの議論が、本論で我々が言及したような、現代における「懐疑論」の復活に対する一定の解答となっていると見ることもできる。

52　この点は実際、カントの道徳論を解釈する上で問題になるところでもある。アリソンは、カントにおける「自由」と「道徳法則」の間の「相互性テーゼ」［Allison,201f.］が、「超越論的自由」とカントが呼ぶものの存立に依存することを示しつつ［cf.Allison,213］、「超越論的自由」を「演繹」することを試みている。だが、その試みは、湯浅正彦が暗示するように、最終的に「本来的自己」という未規定な概念を用い、暗黙のうちにカントの体系に依存するものを根拠として持ち出すことではじめて「解決」されているといわざるをえない。cf.［Allison,327］［湯浅、123］。

53　「しかし、私たちが自己自身にそうした能力を帰する限りは、知性的性格も私たちに帰さねばならないという事実は残るのであり、そしてこの性格は自由の超越論的な理念にもとづいて考えられるものである」[Allison,327：強調は引用者]。アリソンがカントを擁護しようとする意図においてすぐさま継いでいる言葉は、しかし、それでも一定の留保を付けざるを得ないことにおいて、理性的秩序へと自らを積極的に従える「自由」が、ひとつの跳躍であることを浮き上がらせている。

54　通常のカント解釈において「欲求能力（Begehrungsvermögen）」と訳されるものを「欲望」といいかえることには、いくつかの注釈が必要かもしれない。「欲求能力（Begehrungsvermögen）」は、ある規則の表象のもとに規定される限りにおいて、意志と呼ばれる」[Kant:XIX：草稿番号R7201,cf.Kant:V,55]といわれるように、カントは意志を「欲求能力」と規定していたのであった。カントは『人倫の形而上学』の序文において、様々な「欲求能力（Begehrungsvermögen）」を分類し、その中で「欲念（Begierde）」と「理性的関心」とを区別している。カントにおいて、意志は、「欲求能力」であっても、それが「理性的な関心」を有することにおいて、「欲念（Begierde）」からは区別されるといわれていたのである。それゆえ、アダム・スミスにおける「欲望」を、カントの区分における「欲念」に属するものとみなし、「意志」とは異なるものとする見方も有り得る。だが、カントが「欲念」と「理性的関心」とを区別する特徴は、むしろ、アダム・スミスの「欲望」を「理性的な関心」に分類すると考えられる。

「快が原因として必然的に先行して欲求能力を規定するものが、厳密な意味での欲念であり、……これに対して欲求能力が規定されたその後にだけ快が生じうるといった場合には、この快は知性的快と名付けられ、その対象への関心は理性的関心と名付けられなければならない」[Kant:VI,212]。すなわち、カントによれば「欲念」と「理性的関心」は、「欲求能力」の規定と「快」との間の先後関係によって区別されるのである。すぐ後に見るように、アダム・スミスの「欲望」においては、「富と名声」の「イデア」によって行為者の「欲求能力」が規定され、「イデア」へと至る過程自体が「快」として取り違えられるのであった。だとすればそこでは、「快」が原因となって「欲求能力」が規定されているのではなく、むしろ、「イデア」による「欲求能力」の規定が「快」の成立に先立っていることになるだろう。行為者は、「富と名声」のエコノミーのうちに入ることによって自らの「欲求能力」を規定し、そこでの努力の過程自体に「快」を見出すことになるのである。アダム・スミスにおいて行為者を導く「欲望」は、その限りにおいて、カントの分類に従って、「理性的関心」に当たるものと見なされうる。本論では、「理性的関心」を含んだ行為の動因を「欲望」という言葉で統一的に示し、文脈の一元化を図った。

55 フロイトは、「ナルシシズム」という概念を、対象へ向けられたリビドーの流れが「自己」へと方向付けられることとしたが、ラカン派の精神分析家の中には、これを鏡像段階における「自己」の意識の形成過程を示すものとして用いる向きもある[cf.Freud-Lacan,266f.,etc.]。本論での用法は、後者に限りなく近接するが、精神分析のテクストに即してそのことを示す文脈をもたなかった。

56 「主人のディスクール、思いますに、このディスクールの歴史的な重要性を喚起する必要などないでしょう……哲学はそのことについてだけ語ってきたということに気づかないわけにはいかないはずです。……それをその名前〈主人のディスクール〉で呼ぶ以前から——少なくともヘーゲルがそれを前進させ、彼によって全く以て特別な仕方で論じられたのですが——その曖昧さにもかかわらず、ディスクールに関して我々に関わる事柄、哲学と呼ばれる事柄が立ち現れるのは、主人のディスクールの水準においてだったのです。」[Lacan:XVII,20]

57 「自己の意識は、自らに即してあると同時に、〈ひとつの対象として他の存在に〉対してある。そしてそれは、その自己の意識が別の意識に対してそうであるときにそうなのであり、また、まさに自己の意識が別の意識に対してそうであることによって、そう〈自己の意識が、自らに即してあると同時に、ひとつの対象として他の存在に対してあること〉なのだ。一言でいうならば、

自己の意識は、承認されたものとして存在するのである。」［Hegel,145］

58 「S_1が最初に立ち現れて、S_2の周りで繰り返されます。このようにして関係の中に入ることで、何かによって代理表象される主体、ある喪失が生起します。」［Lacan:XVII,18］

59 「享楽に関しての奴隷の地位はどのようなものでしょうか。……享楽、それは、主人の特権です……」［Lacan:XVII,22］

60 cf.［Lacan:Écrits,793ff.］

61 「そこから、ヒステリー者は、最初の不満足を象徴していることが理解されます。満たされない欲望がヒステリー者の原動力となっていることを、私は重要なこととしてきました。」［Lacan:XVII,84］

62 「それゆえ、ヒステリー者は、知を求める欲望に突き動かされる男性を創り出すのです」［Lacan:XVII,36］といわれるように、「主人の知」を求める「男性」が「男性」として創出されるのは、ヒステリー者の欲望によるのである。

63 ［Lacan:XI,44ff.］。以下の議論についての詳細は、拙著［荒谷2008］の第四章「欺く神の論理学」を参照いただきたい。

64 cf.［伊藤、243］

65 cf.［伊藤］

66 対象aの現出形態の典型としては「眼差し」「声」「乳房」「排泄物」が挙げられる［cf. Lacan:XVII,56］。とりわけ、ラカンが好んで分析の対象とするのは「眼差し」である［cf.Lacan:XI］が、本論の枠組みでは、後に見るように、「声」を重視している。

67 こうした眼差しの直接性は、E・レヴィナスが「顔」の不可避性として語っていたものと密接に関係していると考えられる。ただし、レヴィナスにおける「顔」の概念が、直接的な倫理性、すなわち精神分析において「大他者（A）」と呼ばれるものへと直結させられるのに対して、精神分析、とりわけ晩年のラカンは、対象aと大他者（A）との間に起こる「癒着」を解きほぐすことを課題とする［cf. Lacan:XX,77］。

68「彼ら〔プラトンやアリストテレス〕のそうした〔形相と質料をめぐって展開される哲学的な〕発話が、ひとつの幻想によってのみ支えられていることは見やすいことですし、触ることだってできるぐらいです。その幻想を介して、彼らはどのような方法によっても語られないもの、すなわち、性関係を補おうとしたのです。」［Lacan:XX,76］

引用・参考文献一覧

[Agamben] George Agamben, *Le régne et la gloire* traduit de l'italien par J. Gayraud et M. Rueff, Seuil, Paris, 2007

[Aglietta/Orléan:1998] Aglietta et Orléean, *La Monnaie souveraine*, Odile Jacob, 1998

[Aglietta/Orléan:2002] Aglietta et Orléean, *La Monnaie entre violence et confiance*, Odile Jacob, 2002

[Allison] Henry E. Allison, *Kant's theory of Freedom*, Cambridge University Press, 1990

[Althusser] Luis Althusser et Étienne Balibar ed. , *Lire le Capital*, Maspero, 1980

[Aristotle:Économique] Aristote, *Économique*, texte établi par B.A. van Groningen et A. Wartelle, traduit et annoté par A. Wartelle, Les Belles Lettres, Paris, 1968

[Aristotle:Politique] Aristote, *Politique* texte établi et traduit par Jean Aubonnet, Les Belle lettres, Paris, 1960

[Aumann] R. J. Aumann, "Agreeing to Disagree" in *The Annals of Statistics*,Vol.4, No.6. Nov. 1976

[Aune] Bruce Aune, *Kant's Theory of Morals*, Princeton University Press, 1979

[Booth] Emily Booth, *'A subtle and mysterious machine': the medical world of Walter Charleton (1619-1707)*, Springer, Netherland, 2005

[Braudel] Fernand Braudel, *Civilisation matérielle, économie et capitalism; XVe-XVIIIe siècle,* tome I-III, Armand Colin, 1979ff.

[Carmichael] Gershom Carmichael, *Natural Rights on Threshold of the Scottish Enlightenment*, edited by J. Moore and M. Silverthorne, translated by M. Silverhorne, Liberty Fund, 2002

[Charleton] Walter Charleton, *Enquiries into Human Nature* (1680) in L. Payne, *With words and knives: Learning Medical Dispassion in Early Modern England*, Ashgate, 2007

[Deleule] Didier Deleule, *HUME et la naissance du libéralism économique*, Aubier Montaigne, 1979

[Descartes]R. Descartes, *Meditationes de prima philosophia*, Librairie Générale Française, 1990

[Digby] Kenelm Digby, *Touchant la guerison des playes par la Poudre de Sympathie*, 1658

[Eirenaios] Irénée de Lyon, *Contreles hérésies* Livre 3, t.1-2, édition critique par A. Rousseau et L. Doutreleau, édition du Cerf, Paris, 1965-/ 小林稔訳『異端反駁　エイレナイオス３、４』教文館、一九九九―二〇〇〇

[Ferry/Gauchet] Juc Ferry/ Marcel Gauchet, *Le religieux après la religion*, Grasset, 2004

[Fierens] Christian Fierens, *Lecture de Encore: cours de 2005 sur le Livre XX du Séminaire de Lacan*, transcription par M.-P. Goeleff et L. Nicastri, E.M.E., 2008

[Freud-Lacan]『フロイト・ラカン事典』弘文堂、一九九六

[Gauchet] Marcel Gauchet, *Un monde désenchanté ?*, Les Éditions de l'Atelier, 2004

[Groningen] B.A. van Groningen, *Aristote le second livre de l'économique*, A.W.Sijthoff, 1933

[Hayek:1949] F. A. Hayek, *Individualism and Economic Order*, Routledge, 1949

[Hayek:1952] F. A. Hayek, *The sensory order: An Inquiry into the foundations of theoretical psychology*, Routledge, 1987

[Hayek:1960] F. A. Hayek, *The constitution of Liberty* : The collected Works of F. A. Hayek vol. XVII, Routledge, 2011

[Hayek:1967] F. A. Hayek, *Studies in Philosophy, Politics and Economics*, The University of Chicago Press, 1967

[Hegel] G. W. Hegel, *Phänomenologie des Geistes*, Werke 3, Suhrkamp, 1986

[Heimsoeht] Heinz Heimsoeth, *Transzendentale Dialektik*,1966

[Hooke] Robert Hooke, *Micrographia*, reprint Original edition 1665, Culture et Civiliation, Bruxlles, 1966

[Hume] David Hume, *A Treatise of Human Nature*, edited by David Fate Norton and Mary J. Norton, Oxford Univesity Press, 2000

[Hutcheson] F. Hutcheson, *A short introduction to Moral Philosophy* (1747) : Collected works of Francis Hutcheson vol.4, Olms, 1969

[Juranville] Alain Juranville, *Lacan et la philosophie*, PUF, 1996

[Kaken] 麻生博之、荒谷大輔、佐々木雄大、鈴木康則、三重野清顕編「「エコノミー」概念 原典資料集」（科学研究費基盤研究（B）「エコノミー概念の倫理思想史的研究」（代表：麻生博之）研究成果報告書・補足論集）二〇一〇

[Kames] A: Henry Home (Lord Kames), *Essays on the principles of morality and natural religion*, reprint Original edition in 1751, Garland Pub., New York, 1983/ B: Henry Home (Lord Kames), *Essays on the principles of morality and natural religion*, third edition, Edinburgh and London, 1779/ C: Henry Home, *Essays on the principles of morality and natural religion*, third edition, Edinburgh and London, 1779（ケイムズのこの本は版によって異動がある。本論では第一版の頁付をA、第二版をB、第三版をCで示した）

[Kant:KrV] Immanuel Kant, *Kritik der reinen Vernunft*, Philosophische Bibliothek; Bd. 503, F. Meiner, 1998

[Kant:IV]Immanuel Kant, *Kritik der reinen Vernunft (1. Aufl.) ; Prolegomena ; Grundlegung zur Metaphysik der Sitten ; Metaphysische Anfangsgründe der Naturwissenschaft*: Kant's gesammelte Schriften / herausgegeben von der Königlich Preußischen Akademie der Wissenschaften ; Bd. 4, 1903

[Kant:V]Immanuel Kant, *Kritik der praktischen Vernunft ; Kritik der Urtheilskraft* : Kant's gesammelte Schriften / herausgegeben von der Königlich Preußischen Akademie der Wissenschaften ; Bd. 5, 1974

[Kant:VI] Immanuel Kant, *Die Religion innerhalb der Grenzen der blossen Vernunft ; Die Metaphysik der Sitten*: Kant's gesammelte Schriften / herausgegeben von der Königlich Preußischen Akademie der Wissenschaften ; Bd. 6, 1961

[Kant:X] Immanuel Kant, *Kant's Briefwechsel Bd.1* : Kant's gesammelte Schriften / herausgegeben von der Königlich Preußischen Akademie der Wissenschaften ; Bd. 10, 1900

[Kant:XIX]Immanuel Kant, *Moralphilosophie, Rechtsphilosophie und Religionsphilosophie : Handschriftlicher Nachlaß Bd.6* : Kant's gesammelte Schriften / herausgegeben von der Königlich Preußischen Akademie der Wissenschaften ; Bd. 19, 1934

[Keynes] J.M.Keynes, *The General Theory of Employment Interest and Money*, London: Macmillan,1951

[Kripke] S. A. Kripke, *Wittgenstein on Rules and Private Language*, Harvard University Press, 1982

[Lacan:III] Jacques Lacan, *Seminaire III,* Seuil, 1981

[Lacan:IV] Jacques Lacan, *Seminare IV*, Seuil, 1994

[Lacan:V] Jacques Lacan, *Seminaire V*, Seuil, 1998

[Lacan:VII] Jacques Lacan, *Seminaire VII*, Seuil, 1986

[Lacan:XI] Jacques Lacan, *Seminaire XI,* Seuil, 1973

[Lacan:XVII] Jacques Lacan, *Seminaire XVII,* Seuil, 1991

[Lacan:XX] Jacques Lacan, *Seminaire XX,* Seuil, 1975

[Lacan:Écrits] Jacques Lacan, *Écrits*, Seuil, 1966

[Lordon] Frédéric Lordon, *La politique du Capital*, Odile Jacob, 2002

[MacKenzi] D.MacKenzie, "Long-Term Capital Management and the sociologie of arbitrage" in *Economy and Society* Volume 32 Number 3, August 2003, 2003

[Marouby]Christian Marouby, *L'Économie de la Nature: Essai sur Adam Smith et l'antholopologie de la croissance*, Seuil, 2004

[Maurer] Bill Maurer, "Repressed futures: financial derivative's theological unconscious" in *Economy and Society*, Volume 31 Number 1 February 2002, 2002

[McLuhan] Marchall McLuhan, *Understanding Media: The extensions of man*, Rouledge, 1964

[Menger:GV] Carl Menger, *Grundsätze der Volkswirtschaftslehre*: series of reprints of scarce tracts in economic and political science,no.17. The collected works of Carl Menger, vol.1, London School of Economics and Political Science, 1934

[Menger:Methode] C・メンガー著、福井孝治ほか訳『経済学の方法』日本経済評論社、一九八六

[Mertens/Zamir] J.-F. Martens/ S. Zamir, "Formulation of Bayesian Analysis
for Games with Incomplete InformatiOn" in *International Journal of Game Theory*, VoI. 14, Issue 1, 1985

[MEW] *Karl Marx-Friedrich Engels WERKE*, Dietz, Berlin, 1962

[Mill] J. S. Mill, *Essays on some unsettled questions of Political Economy*(1844) reprinted in *The Methodology of Economics: Nineteenth-Century British Contributions vol.1*, Routledge, 1997

[Miyazaki] Hirokazu Miyazaki, "Between arbitrage and Speculation : an economy of belief and doubt" in *Economy and Society* vol.36 no.3, 2007

[Moore/Silverthorne] J. Moore/Michael Silverthorne, "Gershom Carmichael and the natural jurisprudence tradition in eighteenth-century Scotland" in *Wealth and Virtue*, Cambridge University Press, 1983

[Myrdal] Gunnar Myrdal, *The political element in the development of economical theory*, Routledge, 1953

[Paul] Προς Εφεσιους in *Novum Testamentum Graece* post Eberhard et Erwin Nestle, Deutsche Bibelgesellschaft, Stuttgart, 1979

[Quesnay:AE] Francois Quesnay, *Essai phisique sur l'oeconomie animale*, Guillaume Cavelier, 1736

[Quesnay:Œuvres] Francois Quesnay, *Œuvres économiques complétes et Autres textes*, édité par C. Théré, L. CHarles et J.-C. Perrot, L'institue national d'études démographiques, 2005

[Richter] G. Richter, *Oikonomia*, Walter de Gruyter, 2005

[Rotman] Brian Rotman, *Signifying Nothing: The Semiotic of Zero*, St. Martin's Press, 1987

[Say] Jean-Baptiste Say, *Traité d'économie politique*, Economica, Paris, 2006

[Schreiber] Edmund Schreiber, *Die Volkswirtschaftliche Anshauungen Der Scholastik Seit Thomas Aquin*, Gustav Fischer, 1913

[Severinus] Petrus Severinus, *Idea Medicinae Philosophicae*, Basiliae : ex off. Henricpetri, 1571

[Sismondi] J.-C.-L. Simonde de Sismondi, *Nouveaux principes d'économie politique : ou de la richesse dans ses rapports avec la population*, Edition Jeheber, 1951-1953 / 菅間正朔訳『政治経済学新原理』上下、日本評論社、一九四九—五〇

[Smith:EPS] アダム・スミス著、水田洋ほか訳『哲学論文集』名古屋大学出版会、一九九三

[Smith:TMS] Adam Smith, *The Theory of Moral Sentiments*, edited by D.D. Raphael and A.L. Macfie, Clarendon Press, Oxford, 1976

[Smith:WN] Adam Smith, *An Inquiry into the Nature and Causes of the Wealth of Nations*, Edited by R. H. Campbell and A.S. Skinner, vol.I,II, Oxford University Press, 1976

[Strawson]Strawson, *The Bounds of sense : an essay on Kant's 'Critique of pure reason'* , Routledge, 1964

[SVF] H. von Arnim, *Stoicorum Veterum Fragmenta*, Stuttgart, I-IV, 1905-1924

[Théret:1992] Bruno Théret, *Régimes économiques de l'ordre politique*, PUF, 1992

[Théret:2007] Bruno Théret ed., *La monnaie dévoilée par ses crises* vol. I II , Édition de l'école des Hautes

Études en Sciences Sociales, 2007
〔Théret:2009〕Bruno Théret, "Monnaie et Dette de la vie" dans *L'Homme. Revue française d' anthropologie*, 1er trimestre 2009, 2009
〔Walker〕D.P. Walker, *Spiritual and Demonic Magic from Ficino to Campanella*, University of Notre Dame Press, 1975
〔Walras〕Léon Walras, *Éléments d'économie politique pure*, R. Pichon et R. Durand-Auzias, 1926／手塚壽郎訳『純粋経済学要論』岩波書店、一九五三
〔青木〕青木昌彦著、瀧澤弘和・谷口和弘訳『比較制度分析に向けて』NTT出版、二〇〇一
〔浅井〕浅井良夫・井手英策「デフレ下の長期景気回復（2002年～2006年を中心に）」小峰隆夫編『日本経済の記録：金融危機、デフレと回復過程（1997年～2006年）』二〇一一
〔荒谷2005〕荒谷大輔「リベラリズムの身体――方法論的個人主義批判の試み」『悪と暴力の倫理学』ナカニシヤ出版、二〇〇五
〔荒谷：2008〕荒谷大輔『西田幾多郎：歴史の論理学』講談社、二〇〇八
〔イエイツ〕フランセス・イエイツ『ジョルダーノ・ブルーノとヘルメス教の伝統』工作舎、二〇一〇
〔石井〕石井晋「プラザ合意・内需拡大政策とバブル（1985～1989年を中心に）」小峰隆夫編『日本経済の記録：第2次石油危機への対応からバブル崩壊まで（1970年代～1996年）』二〇一一
〔岩井〕岩井克人『貨幣論』筑摩書房、一九九八
〔伊藤〕伊藤勝彦『デカルトの人間像』勁草書房、一九七〇
〔江頭〕江頭進『F・A・ハイエクの研究』日本経済評論社、一九九九
〔ウェーバー〕M・ウェーバー著、大塚久雄訳『プロテスタンティズムの倫理と資本主義の精神』岩

波書店、一九八九
[ヴェブレン] T・ヴェブレン著、小原敬士訳『有閑階級の理論』岩波書店、一九六一
[荻野] 荻野弘之「ラテン教父におけるストア派倫理学の受容と変容」『中世思想研究』第五二号、中世哲学会、二〇一〇
[可児] 可児滋『デリバティブス：その活用とリスク管理』太平社、一九九六
[金子] 金子勝『長期停滞』ちくま新書、二〇〇二
[上山] 上山隆大「新版解説：感覚の秩序と自由の秩序」ハイエク著『感覚秩序』(新版ハイエク全集第I期第4巻) 春秋社、二〇〇八
[ガルブレイス] J・K・ガルブレイス著、鈴木哲太郎訳『ゆたかな社会』岩波書店、二〇〇六
[黒田] 黒田明伸『貨幣システムの世界史』筑摩書房、二〇〇三
[熊野] 熊野純彦「マルクスをどう読むか――時間論としての資本論」『立命館哲学』第二三集、二〇一二
[久米] 久米郁男「公的資金投入をめぐる政治過程――住専処理から竹中プランまで」池尾和人編『不良債権と金融危機』慶應義塾大学出版会、二〇〇九
[クルーグマン] ポール・クルーグマン著、北村行幸他訳『自己組織化の経済学』東洋経済新報社、一九九七
[コイレ] アレクサンドル・コイレ著、菅谷暁訳『ガリレオ研究』法政大学出版局、一九八八
[ゴフ] ジャック・ル・ゴッフ著、渡辺香根夫訳『中世の高利貸』法政大学出版局、一九九二
[コペルニクス] コペルニクス著、高橋憲一訳『コペルニクス・天体回転論』みすず書房、一九九三
[小峰] 小峰隆夫・岡田恵子「バブル崩壊と不良債権対策(1990～1996年を中心に)」小峰隆夫編『日本経済の記録：第2次石油危機への対応からバブル崩壊まで(1970年代～1996年)』二〇一一

［コモンズ］J・R・コモンズ著、新田隆信他訳『資本主義の法律的基礎』コロナ社、一九六四
［近藤］近藤誠「石油危機後の経済構造調整とグローバリゼーションへの対応（1970年代～1984年を中心に）」小峰隆夫編『日本経済の記録：第2次石油危機への対応からバブル崩壊まで（1970年代～1996年）』二〇一一
［シュンペーター］J・A・シュンペーター『経済分析の歴史（上・中・下）』岩波書店、二〇〇五—二〇〇六
［スロスビー］デイヴィド・スロスビー著、中谷武雄他訳『文化経済学入門』日本経済新聞社、二〇〇二
［セン 1985］アマルティア・セン著、鈴村興太郎訳『福祉の経済学：財と潜在能力』岩波書店、一九八八
［セン 1992］アマルティア・セン著、池本幸生他訳『不平等の再検討』岩波書店、一九九九
［高橋憲］高橋憲一訳注『コペルニクス・天体回転論』みすず書房、一九九三
［高橋克］高橋克也「相対性としての客観性」『現代カント研究10』カント研究会編、晃洋書房、二〇〇七
［竹内］竹内晴夫『信用と貨幣：貨幣の存立根拠を問う』御茶の水書房、一九九七
［田中：1993］田中正司『アダム・スミスの自然神学』御茶の水書房、一九九三
［田中：2003］田中正司『アダム・スミスの自然法学』第二版、御茶の水書房、二〇〇三
［立木］立木康介『精神分析と現実界』人文書院、二〇〇七
［土橋］土橋茂樹「アパテイアの多義性と「慰めの手紙」：東方教父におけるストア派の両義的影響」『中世思想研究』第五二号、中世哲学会、二〇一〇
［友野］友野典男『行動経済学：経済は感情で動いている』光文社新書、二〇〇六

［ナシオ］　J＝D・ナシオ著、姉歯一彦訳『ヒステリー：精神分析の申し子』青土社、一九九八
［中宮］　中宮光隆『シスモンディ経済学研究』三嶺書房、一九九七
［中野］　中野昌宏『貨幣と精神：生成する構造の謎』ナカニシヤ出版、二〇〇六
［中村］　中村宗悦・永江雅和・鈴木久美「金融危機とデフレーション（1997年～2001年を中心に）」小峰隆夫編『日本経済の記録：金融危機、デフレと回復過程（1997年～2006年）』二〇一一
［根井］　根井雅弘『ケインズとシュンペーター』NTT出版、二〇〇七
［浜田：1981］　浜田義文『カント倫理学の成立』勁草書房、一九八一
［浜田：1994］　浜田義文『カント哲学の諸相』法政大学出版局、一九九四
［原］　原和之『ラカン：哲学空間のエクソダス』講談社、二〇〇二
［ブイエ］　ルイ・ブイエ著、上智大学中世思想研究所訳『キリスト教神秘思想史』平凡社、一九九六
［深尾］　深尾光洋「長期不況と金融政策・為替レート・銀行信用」池尾和人編『不良債権と金融危機』慶應義塾大学出版会、二〇〇九
［フリードマン］　ミルトン・フリードマン著、村井章子訳『資本主義と自由』日経BP社、二〇〇八
［ボー］　ミシェル・ボー著、筆宝康之・勝俣誠訳『資本主義の世界史：1500-1995』藤原書店、一九九六
［ホランダー］　T・ホランダー著、菱山泉ほか訳『リカードの経済学』日本経済評論社、一九九八
［松森］　松森奈津子『野蛮から秩序へ：インディアス問題とサラマンカ学派』名古屋大学出版会、二〇〇九
［森嶋］　森嶋通夫『思想としての近代経済学』岩波新書、一九九四
［矢島］　矢島祐利訳注『天体の回転について』岩波文庫、一九五三
［湯浅］　湯浅正彦「道徳性と自由の正当化：アリソンのカント解釈の検討」カント研究会編『現代カ

ント研究6　自由と行為』晃洋書房、一九九七
［吉田］吉田静一『異端の経済学者：シスモンディ』新評論、一九七四
［米田］米田昇平『欲求と秩序：一八世紀フランス経済学の展開』昭和堂、二〇〇五
［渡辺］渡辺幹雄『ハイエクと現代リベラリズム：「アンチ合理主義リベラリズム」の諸相』春秋社、二〇〇六

あとがき

「ナルシスの危機」。それは、本論の議論に即していえば、他者と非協力的な関係にありながら、なお共通した理念のもとで競い合い、自己の利益を最大化しようとする人々が、互いに搾取し合い、「経済」を無限に拡張させ続けることに疲弊する構造を示すものであった。インフレ目標を定め、あらゆる手段を講じて生産性を高めて「経済」を不断に発展させることが、危機を乗り越える唯一かつ本質的な方法であったとしても、まさにその方法が将来の危機の可能性を胚胎させる。メディアの水鏡に理想化された自己を追い求めるナルシスの欲望は、同じ理念を共有して競争し、社会全体の生産性を高めようとしない人間を排除しながら、その運動を継続すること自体に疲れ果てるのである。

だが、正直なところ、その「ナルシスの危機」は、分析対象としての現代社会の構造を記述するものであると同時に、本書を上梓するまでの間ずっと筆者自身の内面をえぐり続けたものだった。ここに個人的な事柄を書くことは差し控えるが、本論で批判的に語られる事柄の多くが、まずは筆者自身の乗り越えを要求するものであった。自己の存在と欲望が、どれほど時代や社会的文脈に依存し、それを越えようとする努力が、いかに否応なく既存の構造の反復に帰するかということを、幸か不幸か、何度も繰り返し精神的な破綻まで演じ直す機会を得た。その無為の反復をともにした道連れに、本書を捧げることをお許しいただきたい。

本書はしかし、それ以外にも多くの人々の力によって支えられた。まずフランス国立科学研究センター（CNRS）社会経済融合領域研究所（IRISES）のブルーノ・テレ主任研究員には、日本学術振興会の支援を得て海外研究員としてフランスに研修中、客員研究員として受け入れていただき、経済学と人類学の視点から様々な教示を受けた。またその間、本務校の関係者には、教育に関わる業務を免除いただくなど、ご迷惑をおかけすると同時に、あたたかい支援をいただいた。とりわけ当時の柴田良一学科長には、厳しさを増す今日の大学の「経済状況」において、学問的に揺るぎない理念によって後押しをいただいた。記して感謝の意を示したい。

研究を進めるにあたっては、麻生博之氏を代表とする科学研究費基盤研究（B）「エコノミー概念の倫理思想史的研究」の共同研究が大きな支えとなった。「エコノミー」概念の用法を思想史の端から協同で拾っていく作業は、単純でありながら常に知的興奮を喚起されられた。単位時間あたりの実りがこれほど大きい単純労働を筆者はかつて経験したことがない。また、本書をかたちにしていく過程では、前著に引き続き熊野純彦先生のお手を煩わせた。テクスト読解ですぐに「転移」を起こしてのぼせ上がる筆者にとって、簡単には同意しない「他者」の存在は不可欠だが、そうやっていつまでも甘えるわけにはいかないとも思っている。

製作の過程では、せりか書房の船橋さんと武さんのお力を得た。またカバー絵に畏友アリエマキの作品を使わせていただけたのは存外の喜びだった。ご快諾いただいたMORI YU GALLERYに感謝したい。

他にもたくさんの方々の支援を得て本書は成立した。ひとりひとりお名前を挙げることはできないが、どうかお許しいただければと思う。

二〇一三年三月　寒さの中に春を待ちつつ

著者

著者紹介

荒谷　大輔（あらや　だいすけ）

1974年生まれ。東京大学人文社会系研究科博士課程修了。博士（文学）。現在、江戸川大学准教授。専攻は哲学／倫理学。2008年から2010年までフランス国立科学研究センター（CNRS）社会経済融合領域研究所（IRISES）客員研究員。
著書に『西田幾多郎――歴史の論理学』（講談社）、共著に『ドゥルーズ／ガタリの現在』（平凡社）、『岩波講座　哲学06　モラル／行為の哲学』（岩波書店）など。

「経済」の哲学――ナルシスの危機を越えて

2013年4月10日　第1刷発行

著　者　荒谷大輔
発行者　船橋純一郎
発行所　株式会社 せりか書房
〒101-0064　東京都千代田区猿楽町1-3-11 大津ビル1F
電話 03-3291-4676　振替 00150-6-143601　http://www.serica.co.jp
印　刷　信毎書籍印刷株式会社
装　幀　木下弥

ISBN 978-4-7967-0322-2